전지적
그림책
시 점

그림책을 바라보는 세 가지 시선

전지적 그림책 시점
그림책을 바라보는 세 가지 시선

초판 1쇄 2022년 11월 17일
지은이 이정희 장소현 이혜선
펴낸이 이혜선
펴낸곳 유럽의 봄
출판등록 2022년 2월 7일 제2022-000044호
주소 서울시 마포구 새창로 52 101-305
전화 070-8065-1927
팩스 0504-135-1972
이메일 springeurope@kakao.com
홈페이지 instargram@spring_of_europe

※ 이 도서는 한국출판문화산업진흥원의 2022년 우수출판콘텐츠 제작 지원사업 선정작입니다.

ISBN : 979-11-980425-0-7
가격 : 17,000원

전지적
그림책
시 점

이정희, 장소현, 이혜선 지음

프롤로그

그림책을 어떻게 볼까?

　이정희, 이혜선, 장소현 우리 세 사람은 그림책을 통해 심리학을 배우는 수업에서 처음 얼굴을 마주했습니다. 어려운 이론과 생소한 용어를 배우는 시간은 힘들었지만, <오즈의 마법사> 속 허수아비처럼 내 머리가 삐죽삐죽 채워져 가는 느낌에 보람을 느꼈습니다.

　수업은 심리학 이론에 이어 그에 걸맞은 그림책들을 배우는 식으로 이루어졌어요. 그저 '그림책'일 뿐인데, 그 내용들이 심리학 이론에 딱 맞아떨어지는 게 너무도 신기했어요. 몇 번의 시험을 거치고 자격증까지 받아들었지만, 끝이 아니라 오히려 시작이란 생각이 들었어요. 세상은 넓고, 그림책은 그만큼 많고, 저 많은 그림책을 공부하는 첫발을 비로소 내딛었다는 생각이 들었지요.

그래서 세 사람은 모여서 다시 그림책을 들여다보기 시작했습니다. 그런데, 하나의 그림책인데도 그 그림책이 말해주는 바가 무궁무진했습니다. 그림을 그리고, 거기에 글이 어우러진 그림책은 만든 이의 의도가 있겠지만, 그 책이 세상으로 나온 순간 무지개처럼 다채로운 빛깔로 보는 이에게 다가옵니다.

우리 세 사람도 그렇습니다. 나이도 다 다르고, 살아온 경험도 너무나 달라요. 결혼을 한 사람도 있고, 결혼을 하지 않은 사람도 있습니다. 아이들이 장성하고 오롯이 내가 된 시니어의 시간에 대한 고민을 안고 있거나, 한참 학령기의 자녀들과 아웅다웅하랴 학생들과 만나랴 정신없는 나날을 보내고 있기도 합니다. 두 사람이 평범하게 결혼을 하고 아이를 낳아 키우는 동안 또 다른 한 사람은 전 세계를 누비며 많은 이들을 만났습니다. 문화 비평가, 사역자이자 그림책 업사이클링 전문가, 그리고 부모교육 및 성교육 전문가까지 서로 다른 분야의 시간을 보내왔습니다.

당연히 한 권의 그림책을 보더라도 세 사람이 살아온 경험과 배경 지식에 따라 보는 관점이 달라집니다. 그래서 우리는 하나의 그림책을 보는 우리의 '다름'을 그대로 글로 옮겨 보자고 하였습니다.

아마도 그림책에 관심을 가진 분들, 그리고 나아가서 공부를 하는 분들 모두 우리와 같지 않을까요? 그림책을 보면 마치 참고서처럼 거기에 어떤 정답을 찾고 싶을 지도요. 우리 세 사람은 그런 그림책에 대한 프레임에 자유를 주기로 하였습니다. 그래서 세 사람이 가진 저마다의 '시선'으로 하나의 그림책에 대해 이야기하기로 하였습니다.

그래서 누군가는 여러 가지 심리적 기제를 통해 그림책을 바라보았고, 다른 누군가는 그림책에서 찾아낸 이미지를 미술 작품으로 이어보기도 했어요. 다른 누군가는 교육적 관점에서 그림책을 살펴보았습니다.

이건 어쩌면 시작에 불과할지도 모르겠습니다. 또 다른 삶의 경험과 지식을 가진 분이 다른 길을 열어 주실지도요. 그림책이 펼친 마법 같은 세계로 가는 길을 우선 저희가 먼저 열어보겠습니다.

목차

· 프롤로그 . 4

1. 흰 눈

못 다 내린 눈이 눈꽃이 되어 날리듯 새로운 한 해를 . 13
봄날의 꽃 같은 선물 '탄생' . 18
꽃밭에 내리는 흰 눈 . 24

2. 무릎 딱지

사랑은 여전히 당신의 가슴 속에 있다 . 31
지금의 딱지는 나를 위로 중입니다 . 38
무릎 딱지 . 45

3. 도서관

당신의 안전기지는 어디에 있나요? . 53
인생의 경주마에서 잠시 내려보기 . 60
나는 도서관이 좋다 . 66

4. 안녕하세요

안녕하기 위한 당신의 해법은? . 75
인간의 마음은 감정을 담는 그릇과 같다 . 82
텅 빈 내 마음에 . 87

5. 우당탕탕, 할머니 귀가 커졌어요

역지사지의 처방전은 어때요? . 95
관계를 단절시키는 비난 . 101
좋은 이웃으로 살아가기 . 108

6. 불안

화수미제의 세상, 불안을 벗 삼다 . 117
불안을 다스리는 방법 . 123
불안은 프리다 . 130

7. 적당한 거리

싱그럽게 피어나는 관계를 위한 뒷걸음질 . 139
서로 이해할 수 있을 만큼의 거리 . 146
적당한 거리 두기 . 152

8. 아름다운 실수

괜찮아 괜찮아, 다시 시작할 수 있어 . 161
실수는 새로운 시작입니다 . 167
아름다운 실수와 아름다운 이별 . 173

9. 공원을 헤엄치는 붉은 물고기

당신의 마음이 헤엄치는 곳은 어디일까요? . 183
새로운 코리빙(Co-living) 하우스를 만들어가다 . 190
새로운 출발점, 나의 공원 이야기 . 196

10. 나는 강물처럼 말해요

우리는 모두 강물처럼 살아갑니다 . 205
나를 위한 마법의 주문 . 211
내 아이를 위한 기도 . 217

11. 게으를 때 보이는 세상

코로나가 만든 게으른 세상이 준 화두 . 225
휴식은 낭비가 아니다 . 232
게으름 예찬 . 237

12. 100세 인생그림책

살면서 무엇을 배웠나요? 배움으로 가득 찬 인생 . 245
당신의 인생곡선은 어디쯤 와 있나요? . 251
100세 인생, 무엇이 성공인가? . 257

· **에필로그** . 266

1

『흰눈』 공광규 (지은이), 주리 (그림), 바우솔

그림책을 바라보는 세 가지 시선

첫 번째 시선

못 다 내린 눈이 눈꽃이 되어 날리듯 새로운 한 해를

이정희

    코로나 팬데믹 속에 한 해가 저물어가고 있다. 우리에게는 아마도 그 어느 해보다도 아쉬움이 많이 남는 한 해가 될 듯하다. 이루고자 한 것보다 이루지 못한 것이, 가지고자 한 것보다 놓친 것이, 그리고 만남보다 헤어짐이 더 길었던 시간이었다. 그러기에 한 해를 마무리하는 기분이 기한에 떠밀려 미처 마치지 못한 숙제를 제출해야 하는 학생 같다. 예년 같으면 어수선한 연말 분위기에 휩쓸려 또 한 해를 보내야 한다는 부담을 덜어보련만 고즈넉하다 못해 적막하기까지 한 연말, 저마다 짊어진 삶의 무게가 유독 더 무겁게 느껴진다. 이렇게 묵직하게 한 해를 보내는 마음, 공광규 시인의 시를 주리 작가가 그림으로 엮은 『흰 눈』으로 다독여보는 건 어떨까?

일 년 내내 내리는 눈

'겨울에 다 내리지 못한 눈은', 공광규 시인의 시 『흰 눈』은 이렇게 시작된다. 그 어느 해보다도 사람들의 아쉬움이 진하게 전해지는 한 해여서 그런지 저 첫 시구에 마음이 멈춘다. 겨울에 미처 다 내리지 못한 눈이 올 한 해 하고자 했던 바를 다 해내지 못한 우리들의 마음 같다. 그런데 시는 그런 아쉬움을 다르게 받는다.

> 매화나무 가지에 앉고
> 그래도 남은 눈은
> 벚나무 가지에 앉는다.

겨울에 미처 다 내리지 못한 눈이 하얀 꽃이 되어 일 년 내내 온 세상에 내린다. 주리 작가가 정성들여 그린 매화나무, 벚나무, 조팝나무들에 시선을 두고 읽어가다 보면 새로운 시간이 우리 앞에 펼쳐진다.

우리는 사실 알고 있다. 2020년 12월 31일과 2021년 1월 1일 사이에는 지금껏 그랬듯이 하루가 지나고 또 하루가 시작되는 동일한 시간의 흐름만이 있다는 것을. 그 흐르는 시간들에 구획을 세워 편의적으로 해와 달을 만들었다는 것을. 그리고 그 편의가 어느덧 우리 자신을 가두고 있었다는 것을 『흰 눈』을 읽다보면 새삼 깨닫게 된다. 겨울의 눈꽃이 봄의, 그리고 한여름의 꽃눈이 되어 흩날리듯 시간은 그저 그렇게 흘러가는 것이다.

긍정 심리학의 학자 중 한 명인 앨버트 앨리스는 'ABC이론'을 주창했다. 좌절과 역경(adversity)이라는 객관적 사건이 아니라, 그에 대한 belief, 자아 신념과 마음 상태에 따라서 삶이 받아든 결과(consequence)가 달라진다는 주장이다. 결국 마음이다.

우리가 다하지 못한 시간은 이제 새로운 한 해로 열려질 것이다. 그 시간을 매화나무로부터 시작하여 벚나무, 조팝나무, 이팝나무, 쥐똥나무, 산딸나무, 아까시나무에 내리는 눈꽃으로 만들 것인지, 미처 다 내리지 못한 흰 눈에 대한 미련으로 남길 것인지는 이제 우리의 몫이다. 다하지 못한 미션 임파서블이 아니라, 이제부터 한 해 내내 해내야 할 '파서블한 미션', 그게 우리 앞에 펼쳐진 새로운 시간의 숙제가 아닐까. 겨울에 내리지 못한 흰 눈을 일 년 내내 피어나는 흰 꽃으로 받아내는 공광규 시인의 『흰 눈』은 그 자체로 긍정 심리학의 정수이다.

> 할머니가 꽃나무 가지인 줄 알고
> 성긴 머리 위에 가만가만 앉는다.

그렇게 미처 다하지 못한 삶의 미션을 열중하여 살아가다 보면 어느새 할머니 머리 위 내린 눈처럼 세월이 나에게 온다. 머리 위 흰 눈이라니 서러운가? 그런데 주리 작가의 그림 속 할머니는 그리 서러워 보이지 않는다. 흰 머리의 할머니는 계절마다 찾아오는 나무의 눈꽃들을 반기며 미소를 짓는다. 할머니 흰 머리가 꽃인지, 꽃이 흰 눈인지... 꽃들을 반기는 할머니의 모습은 시모나 치라올로의 그림책 『할머니 주름살이 좋아요』를 떠올리게 한다.

> "할머니 주름살이 걱정되세요?" 내가 물었어요.
> "전혀 걱정되지 않아. 이 주름살 속에는 내 모든 기억이
> 담겨 있거든!" 할머니가 말했어요.

손녀에게 그 주름살이 만들어 진 시간 동안 켜켜이 쌓인 추억과 사

랑을 따스한 미소로 전해주시는 할머니도, 계절마다 찾아온 흰 눈들을 반가이 맞이하는 할머니도, 인생의 느지막한 계절에 여전히 꽃처럼 활짝 피어 계신다.

두 번째 시선

봄날의 꽃 같은 선물 '탄생'

장소현

봄이 한창인 요즘, 꽃망울을 터뜨린 나무들이 거리를 가득 메우고 있다. 언제부턴가 봄이면 꽃이 하얗게 피는 이팝나무를 거리에서 쉽게 볼 수 있다. 잎이 보이지 않을 정도로 줄기를 가득 덮은 꽃이 마치 눈이 내린 것 같다. 활짝 핀 꽃송이가 배고프던 시절에 마치 쌀밥을 고봉으로 담아 놓은 것 같다 하여 붙여진 이름이라는 이야기가 있다. 그래서 이 나무는 한 해의 풍년을 점쳐보는 점쟁이 나무라고도 알려져 있다. 꽃이 만발하면 풍년이 들고 잘 피지 않으면 흉년이 든다고 전해진다.

이팝나무 꽃이 가득한 봄, 눈부시게 하얀 꽃이 눈이 내린 듯 거리를 덮는다. 5월의 봄날 꽃잎이 풍성한 걸 보면 올해는 풍년과 같은 기쁜 소식이 많이 전해질 것 같다. 이처럼 산과 들에 꽃이 피어나고 화창한 봄날이 오면 그림책 『흰 눈』이 떠오른다. 책의 앞뒤 표지에 만발한 꽃들, 마치 내 눈앞에 꽃이 핀 것처럼 감탄사가 절로 나온다.

그런데 그림책의 첫 장면에서는 흰 눈이 등장한다. 겨울 하늘과 풍경 사이로 흩날리는 흰 눈이 정말 꽃잎 같다. 시간이 흐르면서 꽃잎이 흰 눈이 되고 흰 눈이 꽃잎이 되는 마술 같은 흐름을 보여준다. 겨울에 다 내리지 못한 눈이 봄을 알리는 매화꽃이 되고 다시 벚꽃이 되었고 이제 눈은 오뉴월에 조팝나무 꽃으로, 이팝나무 꽃으로 피어난다.

제목은 『흰 눈』이지만 책에서 꽃이 가득한 이유는 왜일까? 계절의 흐름에 따라 꽃을 피울 수 있었던 것은 겨우내 내린 흰 눈이 있었기 때문이다. 눈은 식물을 차가운 바람에서 보호하는 역할도 하지만, 봄에 눈이 녹아 흘러내리면서 수분의 공급원으로 뿌리 호흡에 필요한 산소를 공급한다. 이 보이지 않는 노력들로 봄의 꽃들은 더욱 활짝 피어날 수 있으며 가로수에 심어진 이팝나무처럼 눈부시게 꽃잎을 피워 선물하는 것이다.

겨울에 다 내리지 못한 눈이
매화나무 가지에 앉고

그래도 남은 눈은 벚나무 가지에 앉는다.
그래도 남은 눈은
이팝나무 가지에 앉는다.

 겨울에 내린 흰 눈이 있어서 꽃이 자랄 수 있었던 것처럼 내 인생의 풍경에도 부부라는 연결을 통해서 또 하나의 생명들이 봄날의 꽃처럼 만발한다. 남편과 내가 만나 가정이라는 것을 꾸리고 아이가 생겼다. 아이가 생긴 것과 더불어 결혼생활엔 많은 변화가 생겼다. 임신 8개월 차에 다니던 직장을 그만두었고 건강한 아이가 세상에 나오길 맞이하는 시간을 가졌다. 남편과 매일 2시간씩 걸으며 건강하게 아이를 맞으려 애썼다.

 이른 아침 진통이 시작되었고 진통 끝에 태어난 아이의 울음소리를 들으면서 동시에 나는 엄마로 탄생했다. 뱃속에서 품고 있었던 이 아름답고 소중한 생명체를 품에 안는 순간, 서로의 체온을 느끼며 우리가 하나가 되는 경이로움을 느꼈다.

 아이가 태어나기 전까지 시댁 어른들과는 서먹한 관계였다. 첫아이의 탄생으로 시댁과 더욱 가까워졌고 시부모님의 돌봄과 손주 사랑으로 그동안의 거리감은 녹아내렸다. 또한, 딸의 출산 전 과정에 함께 하며 산후조리의 시간 내내 나와 아기를 세심하게 챙겨주셨던 친정엄마 덕분에 난 자식 사랑의 대물림을 경험했다.

한 생명이 태어나기까지 설레며 기다리는 부모의 사랑은 정말 크다. 주변에서 얼마나 많은 이들의 기도와 바램들이 모아져 전달이 되었는지, 그리고 한 생명이 주는 기쁨과 감격이 얼마나 많은 이들에게 크게 작용하는지 느낄 수 있다.

부모는 마치 한겨울에 내리는 눈과도 같다. 자녀의 탄생과 건강한 성장은 봄날의 꽃 같은 새로운 기쁨의 연속이지만 거기엔 한겨울에 내리는 눈과 같은 보이지 않는 손길과 인내가 있다.

큰 아이는 여러 식구가 늘 안아줘서 그런지, 바닥에 내려놓으면 자지러지게 울었다. 그래서 잠을 잘 때도 배 위에 올려놓고 재웠고, 밤에도 자주 깨서 우는 경우가 많아, 세심하게 아이를 돌봐야만 했다.

새로운 생명체가 이 세상에 와서 누구의 아들로, 누구의 딸로 가족이 되고 목도 가누지 못했던 아기는 무럭무럭 자라 성장한다. 첫걸음마를 시작한 때, 혼자 젓가락질을 시작한 때, 학교를 입학하던 시절에도, 부모에게 아이는 그 시절의 꽃과 같은 존재이다.

우연히 라디오에서 들은 노래가 생각난다. 단순한 동요이지만 가슴이 뭉클해진다. 어떤 모습이든 부모에게 사랑스러운 꽃과 같다.

> 산에 피어도 꽃이고 들에 피어도 꽃이고
> 길가에 피어도 꽃이고 모두 다 꽃이야
>
> - 국악동요 : 모두 다 꽃이야 -

따뜻한 온기와 행복감을 가득 안고 봄날의 주인공으로 우리에게 오는 꽃들이야말로 우리에겐 봄의 계절이 주는 엄청난 선물이 된다. 이런 선물 같은 존재가 아이가 아닐 듯싶다. 부모에게 자녀의 탄생은 엄청난 선물이자 부모라는 인생의 봄날을 맞이하게 한다. 나라는 존재는 결혼을 통해 우리로 바뀌었고 아이의 탄생과 함께 우리는 가족이라는 것으로 확대됐다.

자녀가 자신만의 꽃나무로 자라기 위해 부모는 어떤 역할을 할 수 있을까? 아이들이 꽃처럼 저마다의 향기를 지닌 아름답고 귀한 존재로 자라나기 위해서는 정성을 다한 보살핌이 필요하다. 그림책 속 흰 눈이 하얀 꽃으로 피어나는 모습은 기적처럼 다가온다. 『흰 눈』처럼 아이를 키워내는 과정, 부모의 정성 역시 기적 같은 시간이 아닐까. 누군가의 엄마와 누군가의 아빠로 살아가는 여러분이야말로 그 기적을 만들어내는 정원사이자, 울타리이다.

세 번째 시선
꽃밭에 내리는 흰 눈

이혜선

　흰 눈이 하얀 꽃으로 피어나며 이름도 낯선 하얀 꽃들이 셀 수 없는 눈송이처럼 흩날린다. 『괴물들이 사는 나라』의 작가 모리스 샌닥은 그림책을 '눈으로 보는 시'라고 표현했는데, 『흰 눈』은 시와 그림의 어우러짐이 얼마나 아름다울 수 있는 지 잘 보여주고 있다.

　아직도 춥기만 한 이른 봄에 조금씩 피어나기 시작하는 매화나무를 시작으로 온 세상을 봄으로 가득 채우며 축제로 만드는 벚꽃나무가 피어난다. 좁쌀만한 꽃봉오리가 알알이 맺어 조밥 같다는 조팝나무가 하늘을 향해 두 팔을 벌리고 있다. 사발 가득 하얀 쌀밥같은 이팝나무가 눈처럼 소복하게 쌓였다.

　작은 나팔모양의 꽃에 은은한 향기를 자랑하는 쥐똥나무는 이름과 달리 사랑스럽다. 넉 장의 꽃잎이 십자가를 닮은 성스러운 산딸나무는 예수님이 돌아가실 때 십자가로 만들어 졌다.

동구 밖 과수원 길 아카시아 꽃이 활짝 피었네

어린시절 즐겨 불렀던 동요가 떠오르는 아카시아 길을 할머니가 빨간 우산을 쓰고 걸어가신다. 찔레나무 사이에 있는 고양이에게 할머니가 인사를 건넨다. 흩날리는 꽃잎 속에서 할머니는 저녁식사를 준비한다. 꾹꾹 눌러 담은 쌀밥도 눈처럼 소복소복. 붉게 물들어 가는 하늘을 바라보는 할머니, 오래 전 하늘나라로 가신 할머니와 이젠 할머니로 불리는 젊고 곱던 엄마의 모습이 겹쳐진다.

나는 할머니 할아버지께서 한국전쟁 때 월남하여 처음 얻은 생명이다. 귀하다고 눕히지도 않고, 안아서 키우셨다고 한다. 기꺼이 '눈'의 계절을 마다하지 않으셨던 할머니는 자식들이 꽃처럼 만개하기를 소원하셨다. 하지만 막상 학업을 위해 먼 나라로 떠날 때 다시 보지 못할까봐 눈물 흘리셨다. 다시 돌아왔을 때 추운 겨울 골목 밖까지 나와 서성이며 기다리고 계셨었다. 당신은 자꾸 쇠약해지는데,

첫 손주인 내가 출가할 생각도 하지 않자 애달파하셨다. 다행히 막내가 결혼을 하고 어버이 날 선물처럼 증손주를 얻으셨던 할머니, 애써 기다리셨다는 듯 불과 며칠 만에 하늘나라로 떠나셨다. 이제는 할머니의 마음을 헤아리는 나이가 되었지만 할머니께 전할 길이 없다.

> 동네 담벼락 피어있는 꽃들을 보면
> 아직도 걸음 멈추는 사람.
> 엄마의 사진엔 꽃밭이 있어
> 꽃밭 한가운데 엄마가 있어.
> (중략)
>
> - 김진호, '엄마의 프로필 사진은 왜 꽃밭일까' 중에서 -

이 노래를 들으니 그림책 속 할머니의 옷과 빨래 줄에 걸려있는 이불, 모자에 그려진 꽃이 다시 보이기 시작했다. 하얀 꽃밭 속의 할머니도 한때는 꿈 많은 소녀였을 것이다. 그리고 엄마가 되고, 할머니가 되셨겠지. 할머니는 얼마나 많은 봄을 맞이했을까? 어느덧 내가 거리의 꽃을 보면 멈춰 서고, 저장된 꽃의 사진이 늘어나는 나이가 되었다. 추억이란 이름으로 눈부셨던 순간들이 스쳐지나간다. 생명의 순환처럼 이어져 온 여자들의 일생에 생각이 머문다.

흰 눈이 꽃이 되어 피듯 '내리 사랑'의 역사에서 빈센트 반 고흐의 '꽃 피는 아몬드 나무(Almond Blossom)'가 떠올랐다. 반 고흐가 사랑한 동생 테오 부부의 갓 태어난 아이를 위해 그린 그림이다. 유럽에서 아몬드 꽃은 긴긴 겨울을 이겨내고 초봄에 가장 일찍 피는, 새 생명과 희망, 그리고 부활의 상징으로 알려져 있다. 이 작품은 자신의 조카에게 준 첫 선물이자 그의 37년 인생 마지막 봄에 그린 마지막 꽃그림이다.

이 작품을 받은 아기 빈센트는 이 그림을 평생 소중하게 간직했고, 훗날 반 고흐 미술관을 세워 삼촌의 모든 유작들과 함께 기증했다. 『흰 눈』과 함께 바라보는 이 그림 속에서 생명의 힘을 느낀다. 어느 봄 날 꽃이 피어나는 그 찰나의 과정을 떠올리며 새로운 생명으로의 순환과 부활을 만난다.

Vincent van Gogh, *Almond Blossom*, 1890

2

『무릎 딱지』 샤를로트 문드리크 (지은이),
올리비에 탈레크 (그림), 이경혜 (옮김), 한울림어린이

그림책을 바라보는 세 가지 시선

첫 번째 시선
사랑은 여전히 당신의 가슴 속에 있다
- 올 한 해 당신의 가슴을 덥혀준 사랑은?

이정희

크리스마스 시즌이다. 어릴 적 성탄 연극을 보러 교회에 간 거 말고는 종교와 무관하게 살아왔지만 나 역시도 늘 이때쯤이면 마음의 온도가 조금은 올라가곤 한다.

아마도 머리맡에 남겨졌던 산타 할아버지의 선물이 준 행복이 내 뇌리에 깊게 새겨져 있기 때문은 아닐까. 선물을 받을 즈음이면 늘 착한 아이가 아니었음을 후회했다. 그래도 산타 할아버지는 늘 선물을 주셨다.

그렇게 기억들은 시간이 흘러서도 우리 마음의 온도를 오르내리게 만든다. 샤를로트 문드리크, 올리비에 탈레크의 『무릎 딱지』 역시 그런 기억 속 마음의 온도에 대한 이야기다. 그런데 내가 어떤 아이든 늘 선물을 주시던 산타 할아버지의 빨간 색과 달리 안타깝게도 『무릎 딱지』의 빨간 색은 아픈 상처의 빨간 색이다. 엄마가 돌아가셨기 때문이다.

엄마가 떠났다

그림책은 이렇게 시작된다. 유치원생쯤이나 됐을까, 꼬마 남자 아이가 주인공이다. 엄마가 영영 떠나게 될 거라고 말하자 아이는 처음엔 기다리겠다고 한다. 하지만 엄마는 그럴 수 없다고 한다. 그러자 아이는 화를 낸다.

> 엄마가 자꾸 그러면 엄마 아들이 아니라고,
> 이렇게 빨리 가버릴 거면 나를 낳지 말지.
> 뭐 하러 낳았냐고.

엄마는 그 말을 듣고도 웃었지만 아이는 울어버린다. '엄마는 저 세상으로 영원히 떠났어'라고 아빠가 말하자 아이는 '흥 잘 떠났어.

속 시원해'라며 소리친다. 아이는 화가 난다. 엄마가 가버리는 바람에 아침마다 지그재그로 빵에 꿀을 발라줄 사람이 없어졌기 때문이다. 어디 빵뿐일까.

 인간은 평생에 걸쳐 애착 대상인 누군가를 필요로 한다. 살면서 만나는 여러 사건을 경험하고 애착 대상에게 돌아와 안전감을 회복하고자 한다. 마치 인생의 베이스 캠프처럼.

 심리학자 존 볼비가 내린 애착의 정의다. 아이는 자신의 베이스 캠프인 엄마를 잃었다. 애착은 꼭 아이와 엄마와의 관계에만 해당하는 건 아니다. 이론을 발표하던 초기에 모성의 중요성을 강조하던 볼비도, 만년에 이르러서는 인생 전반의 '애착'을 강조한다. 우리는 살아가며 베이스 캠프를 만들고 또 그 베이스 캠프를 잃는다. 내 마음의 베이스 캠프를 잃었을 때 제일 처음 나타나는 반응은 아이처럼 화를 내는 것이다. 나에게 있던 것이 없어진 상실을 받아들이기 힘들다. 매일 아침마다 지그재그로 꿀이 발라진 빵처럼 익숙했던 관계의 습관들이 더 이상 이어지지 않는다는 사실에 아니라고 해도 가슴 속에서 뭔가가 치밀어 오른다.

사랑은 그곳에 있다

몇 밤이 지나자 아이는 엄마가 그립다. 그래서 엄마의 기억들을 붙잡으려고 한다. 엄마의 냄새를 잊지 않으려 한여름인데도 집 안의 창문들을 꼭꼭 닫는다. 내가 기억하는 엄마의 목소리가 지워지지 않게 귀도 막고, 입도 막는다. 그런데도 자꾸만 엄마가 희미해지는 거 같다. 그런데 아프니 그 어느 때보다도 선명하게 엄마의 목소리가 들려온다.

눈을 감으면 엄마가 팔을 활짝 벌리고 아이를 안아주는 거 같다. 엄마의 목소리가 듣고 싶은 아이는 뛰다가 넘어져 생긴 상처의 딱지를 손톱 끝으로 긁어서 뜯어낸다. 아파서 눈물이 찔끔 나오려 하지만 엄마의 목소리를 다시 들을 수 있다. 자신의 몸에 피를 내서라도 기억을 되살리려는 아이의 모습이 그려진 붉은 색 톤의 그림은 아픈 아이의 마음을 그대로 보여주는 듯하다.

사랑이 가고 간 시간에 비례해서 기억은 흐릿해진다. 아이가 붙잡으려는 냄새만큼 휘발성이 큰 게 있을까. 무릎 딱지를 뜯으며 흘리는 눈물은 그저 아파서만 흘리는 눈물이었을까.

그렇게 스스로 상처를 내서라도 엄마를 붙잡으려는 아이, 그때 엄마의 엄마, 할머니가 오셨다. 오자마자 창문부터 여는 할머니, 아이는 꾹꾹 닫아 눌렀던 마음을 터트려 버리고 만다.

안돼, 안돼, 엄마가 빠져나간단 말이야.

할머니께서 아이를 다독이신다. 아이의 손을 가슴에 올려주고는,

엄마는 바로 여기에 있어.

아이는 달린다. 심장이 쿵쿵 뛰어서 숨 쉬는 게 아플 때까지. 그러자 엄마가 가슴 속에서 아주 세게 북을 치고 있는 것만 같다. 가슴 속에 엄마가 있다는 걸 느낀 아이는 이제 더 이상 무릎 딱지를 떼며 눈물을 흘리지 않는다. 가슴 위 쏙 들어간 곳에 손을 올려놓고 엄마를 느끼며 편하게 잠이 든다. 그림책의 초반 상실의 빨간 색은 이제 아이가 편안하게 잠든 마지막 장이 되면 엄마의 사랑을 나타내는 색이 된다.

누구에게나 상실의 시간은 고통스럽다. 우리는 살면서 많은 관계들을 떠나보낼 수밖에 없다. 더구나 사회적 격리의 시간을 겪으며 이런 상실들은 도처에서 우리를 울적하게 만들었다.

하지만 시간이 흐르면 깨닫게 된다. 어린 시절 산타 할아버지에게서 선물을 받았던 아름다운 기억이 나이가 들어서도 여전히 그 시절이 되면 가슴을 설레게 하는 것처럼 관계로 비롯된 마음이 사라진 것은 아니라는 것을. 아이의 가슴 속 오목한 곳에 있는 엄마처럼 우리 마음 속에 켜켜이 쌓여있다는 것을. 사랑은 때로는 피범벅이 된 무릎딱지 같은 붉은 색으로 우리를 아프게도 하지만 그 아픈 상처 속에서도 여전히 사랑의 붉은 마음은 남아있다. 사람이 간다고 해서 내가 사랑했던 시간마저 가는 건 아니다.

얼마 전 『방긋 아기씨』, 『우주로 간 김땅콩』 등 그림책의 작가 윤지회 작가님이 영면하셨다. 인스타그램으로 그 분의 씩씩했던 투병 생활을 지켜봤던 터라 남의 일 같지가 않았다. 돌아가시기 얼마 전까지 아들을 위해 무엇이라도 남겨주고 싶다는 마음으로 이모티콘 작업을 하셨다. 톡에서 윤지회 작가의 이모티콘을 쓸 때마다 그분은 가셨지만 떠나는 그 순간까지 의연하던 그 분의 마음이 고스란히 전해져

오는 듯하다. 사랑하는 아들과 꼭 안고서 '사랑해'하는 이모티콘을 볼 때마다 아이의 가슴 속 오목한 그곳의 엄마처럼 윤 작가님이 떠오른다. 아마 작가님의 아이도 오래오래 그럴 것이다.

 그 어느 때보다도 고립된 마음으로 힘들었던 한 해, 그리고 고즈넉하다 못해 쓸쓸하기까지 한 크리스마스, 외롭다하며 힘들어 하기보다 자신의 가슴 오목한 곳에 숨어있는 사랑을 확인해보는 시간이 되면 어떨까. 나 역시도 올 한 해 많이 힘들었다. 하지만 그 외롭고 힘들었던 시절의 내 마음 속에도 충만한 사랑의 기억이 있었다. 그리고 여전히 아이의 곁에 있는 아빠와 할머니처럼, 또 다른 베이스 캠프들이 나를 지탱하고 있다. 모두가 사랑이 충만한 크리스마스와 연말이 되셨으면 하는 마음으로 『무릎 딱지』를 권해본다.

두 번째 시선
지금의 딱지는 나를 위로 중입니다

장소현

표지가 주는 그림에서 『무릎 딱지』의 이야기가 시작된다. 표지의 빨간색은 강렬하지만 아이는 힘이 없어 보인다.

> 왜 상처가 났을까?
> 얼마나 아플까?
> 울지 않는 모습이 대견하네

꽤 아플 것 같은 상처를 덤덤하게 바라보는 주인공의 모습에 여러 가지 생각이 든다.

그림책 속 아이는 엄마를 잃었다. 종천지통終天之痛, 영원히 끝나지 않을 슬픔, 부모의 죽음을 뜻하는 사자성어이다. 소중한 누군가를 잃는다는 것은 무척이나 슬프고 가슴 아픈 일이지만 그 중에서도 부모를 잃은 슬픔은 말 그대로 '종천지통'이다. 더구나 어린 아이가 엄마를 잃었다는 건... 받아들일 수가 없다. 아이는 엄마의 죽음을 부정하고 화를 내고 거부했다.

**우리만 이렇게 남겨 놓다니 너무했다. 정말 나빴다.
어떻게 아빠한테 내가 좋아하는 아침 빵을 만들게 한담?**

아이에게는 오롯이 엄마가 전부다. 어른들도 떠나간 사람이 남긴 사소한 물건에 의미를 두듯이 아이에게 빵은 교감할 수 없는 모성, 엄마의 부재를 상징한다. 상실감은 점차 그리움과 집착으로 바뀌게 된다.

아이는 엄마를 잊어버릴까 봐, 엄마 냄새가 새나가지 않도록 집안의 창문들을 꼭꼭 닫는다. 엄마의 목소리를 잊어버릴까 봐, 목소리가 새나가지 않도록 귀를 막는다. '엄마'라는 말만 꺼내도 아빠가 울기 때문에 입을 다문다. 아이는 마당에서 넘어져 무릎에 상처가 났다. 무릎에 생긴 딱지를 계속해서 떼어내 피가 나오면 엄마 목소리가 들리는 것 같아, 다시 상처를 내면서 보고 싶은 마음을 달랜다.

우리의 몸과 마음은 생물학적으로 연결되어 있다. 불안, 상실, 우울 등의 마음은 신체적 증상으로 나타난다. 스스로 뜯어 낸 딱지는 몸의 상처가 아니라 마음의 상처이다. 이 상처는 어떻게 회복할 수 있을까?

엄마의 엄마인 할머니가 찾아왔다. 할머니는 손자의 손을 잡고 가슴에 올려주며 엄마에 대한 그리움을 달래는 법을 현명하게 가르쳐 준다.

엄마는 절대로 떠나지 않고 너의 곁에 있을 거라고 할머니는 말씀하셨다. 나도 무릎 딱지에 대한 기억이 있다. 성격이 급해서 발보다 몸이 앞서던 나는 자주 넘어졌다. 1학년 입학을 앞두고 큰조카인 나를 위해 이모가 주황색 원피스와 흰 타이즈를 선물로 사주셨다. 새 원피스에 타이즈를 신고 동네를 자랑하듯 걸었다. 주변 아이들의 부러워하던 시선을 맘껏 느끼며 기쁨에 들뜨던 나는 그날도 어김없이 넘어졌다.

새 타이즈는 무릎 부분이 크게 찢어졌고 시커멓게 흙이 묻은 살갗은 여러 결로 찢어지고 피가 흘렀다. 상처가 나서 아픈 것 보다 새 옷과 스타킹이 엉망이 된 것에 쉴 새 없이 눈물이 나왔다. 엄마가 꿰매준다고 해도 예전처럼 될 수 없다는 것을 알았기에 속이 상했다.

 엄마가 꿰매준 스타킹을 볼 때마다, 상처가 난 무릎의 딱지를 볼 때마다 속상했지만, 시간이 흘러 상처도 아물고 딱지도 떨어지며 자연스럽게 잊혀져 갔다. 무엇보다 새로운 타이즈가 생겼었다.

 게슈탈트 심리학에서는 전경과 배경이 있다. 어느 한순간에 관심의 초점이 되는 부분을 '전경'이라고 하고 나머지 관심 밖으로 물러난 부분을 '배경'이라고 한다. 즉 내가 보고자 하는 것은 전경이 되고 그 이외의 것은 배경으로 자리를 잡는다. 아이에게 엄마의 죽음은 전경으로 들어와 있고, 아빠와 할머니는 배경으로 물러나 아무것도 보이지 않았다. 그런 아이의 두려움을 알아차려 주고 할머니가 애도의 방법을 알려주면서 아이에게 엄마의 죽음이 한 발 물러선다. 그리고 그 자리에 아빠가 들어선다.

 이것이 상처가 회복되는 과정이다. 아이 곁에 남아있는 가족은 전경과 배경의 교체가 자연스럽게 순환하도록 도와주는 지원자가 된다.

상처가 아무는 과정에서 딱지가 생긴다. 감염되지 않도록 보호하고 아물게 하는 치유의 과정이다. 만약 보기 싫다고 손톱으로 긁어 떼어내려고 하면 상처는 재발한다. 딱딱한 딱지가 자연스럽게 떨어진다는 것은 하얀 새살이 올라온다는 신호로 상처가 아물고 회복이 되었다는 알림이다. 하지만 새 살이 올라올 때 까지는 회복의 시간이 필요하다.

아이들도 어른과 같은 상처를 똑같이 받고 상처의 감정은 어른보다 가볍지 않다. 흔히 부모들이 하는 실수는 아이의 상처를 대수롭지 않게 생각하는 것이다.

> 시간이 지나면 괜찮겠지!
> 아이들은 이러면서 크는 거야

이렇게 아이가 느끼는 상처과 불안을 무시해서는 안 된다. 상처받은 아이를 위로하는 방법은 아이의 마음을 먼저 읽어주는 것이다. 자신의 감정을 이해받은 아이들은 비로소 상처가 난 감정을 드러낼 용기를 얻는다.

  상담실에서 만나는 아이들은 부모가 아이의 상처에 반창고를 발라준 것이 아니라 소금을 뿌려 마음의 문을 닫았거나 곪아 터져서 오는 경우가 많다. 한 고등학교에서 만났던 P는 '공부도 안 하는 너를 비싼 학비를 내면서 키우고 있다'라는 말을 매일 들으면서 2년째 학교에 다니고 있었다. P는 그 상처로 인해 너무나 지쳐있었다. 아이라면 누구나 사랑받고 싶은 욕구가 있다. 하지만 그 욕구가 충족되지 못한 채 자란 아이는 늘 사랑의 갈증에 목말라 한다. 제대로 치료받지 못한 상처는 흉터로 남곤 한다. 딱지가 떨어져도 상처의 자욱은 꽤 오랫동안 흔적으로 남는다. 딱지를 강제로 떼고 다시 피가 흐르는 악순환을 피하기 위해서는 상처에 대한 보살핌이 필요하다. 우선 할머니가 그러셨듯이 반창고를 붙여줘야 한다.

  지금 우리 아이의 상처는 어떤 사랑의 반창고가 필요할까?

    격려의 반창고?
    인정의 반창고?
    위로의 반창고?

아이가 주변 어른들의 도움으로 이별의 아픈 과정을 겪어내며 성장하듯 우리 아이들이 절망의 끝에서 다시 돋아나는 희망을 찾을 수 있도록 반창고같은 어른이 되어주자.

세 번째 시선
무릎 딱지

이혜선

　무릎 딱지? 이제는 달리다 엎어져 무릎을 다칠 일이 없는 나이, 그래서일까 무릎 딱지란 말이 새삼스럽게 다가왔다. 이 책은 『학교가기 싫은 날』의 샤를로트 문드리크가 글을 쓰고 『큰 늑대 작은 늑대』의 올리비아 탈레크가 그림을 그린 책이다. 우리 독자에게도 친숙한 두 작가의 협업으로 탄생한 책은 어떨까? 붉은 색이다. 강렬한 표지의 그림책이다. 그리고 상처 난 무릎을 바라보는 한 아이가 고개를 숙이고 앉아 있다. 표지에서부터 상흔이 느껴진다.

　첫 페이지의 첫 문장은 '엄마가 죽었다'는 독백으로 시작한다. 모든 시간이 정지된 것처럼 천정을 바라보며 누워 있는 아이의 생각을 따라가 본다. 이 아이는 몇 살일까? 지금까지 세상의 중심이었던 엄마가 죽었다. 아이의 세상이 멈추고 빛을 잃었다. '오늘, 엄마가 죽었다. 아니 어쩌면 어제.' 알베르 카뮈 소설 『이방인』의 첫 문장도 이렇게 시작된다. 나이와 상관없이 엄마의 죽음은 두렵고 낯설다.

　감당하기 힘들고 인정하고 싶지 않아서 엄마가 차라리 죽어버려서 다행이라고 했다. 끔찍하고 괴로운 일이지만 다행이라고 해야만 받아들일 수 있는 것으로 느껴진다. 눈물 흘리는 아빠, 어쩔 수 없이 받아들여야 하는 엄마의 죽음, 무표정하지만, 버거운 마음이 읽혀진다. 아직도 어린아이인데, 너무 일찍 어른이 되어버린 것만 같다.

　아이는 상처가 완치될 때 생기는 딱지를 떼어내며 엄마 목소리를 소환한다. 계속 딱지를 뜯어 아물지 않는 상처, 치유되지 않는 아이의 상처처럼 느껴진다. 상처가 있는 한 여전히 아이에게 엄마는 'ing'이다.

　딱지를 떼서 덧난 아이의 상처에서 오래 전 드라마가 떠올랐다. 치매 증상을 앓는 엄마가 마음이 아프다고 가슴에 빨간약을 발랐던 장면이다. 가슴에 빨간 약을 바른다고 아픈 마음이 나을까. 덧난 아이의 빨간 상처와 맞물린다.

　빨간 약을 바르면 새 살이 돋듯 모든 상황이 이전처럼 회복된다면 얼마나 좋을까? 전해지는 아이의 상실감이 지난 해 3월 아버지와의 이별로 인한 내 깊은 상념으로 이어진다. 나이 들어 헤어진 아버지에 대한 그리움이 이토록 깊은데 어린 나이에 닥친 엄마와의 이별이 오죽할까.

해골 같은 얼굴을 한 인간이 두 손으로 귀를 막고 괴로워하는 뭉크의 '절규', 빨간 핏빛으로 물든 하늘 속에 불안, 고통, 절망을 토로하는 그림 속의 인간의 모습이 무표정 속 아이의 속마음이 아닐까.

'절규'의 작가 뭉크(1863년~, 노르웨이)는 태어난 지 5년 만에 폐결핵으로 엄마를 잃었다. 군의관이었던 아버지는 바빴고 엄마 대신 그를 보살피던 누나도 9년 후 엄마와 같은 병으로 그를 떠났다. 뭉크는 엄마와 누나가 죽은 이유를 자신에게서 찾았고 죄책감에 시달렸다고 한다. 『이방인』의 주인공 뫼르소는 어머니의 죽음으로 지난한 '실존'의 방황을 겪는다.

엄마의 목소리 모습 등이 없어질까 봐 두려워서 집의 문이며 창문까지 꼭꼭 닫고 지내던 아이, 엄마가 없어서 슬픈 아빠까지 걱정하던 아이, 아픈 마음 속 절규로 상처 난 무릎을 자꾸 뜯어내는 아이. 하지만 다행히 아이의 마음 속 '절규'를 할머니가 들어주었다. 그리고 홀로 감내하기 힘들었던 엄마의 부재, 그 상실감의 물꼬를 터주셨다. 무릎에 새 살이 돋은 날 아이의 옷은 하얀색이 되었다. 새로운 시작이다.

Munch, *Death in the Sickroom*, 1893

3

『도서관』 사라 스튜어트 (지은이)
데이비드 스몰 (그림), 지혜연 (옮긴이), 시공주니어

그림책을 바라보는 세 가지 시선

첫 번째 시선
당신의 안전기지는 어디에 있나요?

이정희

    이제는 시간이 좀 흐른 일이지만, 몇 년 전에 우리 가족은 길바닥에 나앉을 뻔했다. 조짐은 있었지만 설마하고 있었는데, 언제나 그렇듯이 설마가 사람 잡는다고 어느 날 남편은 우리 집에 닥친 위기를 선언했다.

    길바닥에 나앉지는 않았다. 하지만 지금까지 우리 집을 이루고 있었던 많은 것들을 포기해야만 했다. 그중에는 책도 있었다. 사람 몸뚱이나 겨우 들어갈 새집에 책꽂이 몇 개를 채운 책들이 들어갈 자리는 없었다. 그 많은 책들을 차분하게 처리할 상황도 아니었다.

    결국 아이들이 자라며 함께 늘어난 책들은 단돈 3만 원이라는 근수로 팔려나갔다. 황망한 금액이지만, 그 3만 원이라는 돈보다는 나의 삶이 더 허망했던 시절이다. 그런 와중에도 버리지 못하고 꾸역꾸역

들고 그 비좁은 집에 함께 들어간 책들이 몇 권 있다. 그중에 유일한 그림책, 보자마자 어머 저건 사야 해, 하고서는 정작 아이들한테는 별로 호응을 받지 못했던 책, 그런데도 제일 좋아하는 그림책이라고 서슴없이 꼽을 수 있었던 책, 바로 데이비드 스몰 그림에 사라 스튜어트가 글을 쓴 『도서관』이다.

책의 첫머리 메리 엘리자베스 브라운 전기라고 밝힌 이 그림책은 '마르고 눈 나쁘고 수줍음 많은' 아이 엘리자베스 브라운이 책과 함께 살아간 인생을 그린다. 어릴 적부터 놀이에도 관심이 없던 아이 엘리자베스 브라운은 학교에 가서도 공부에도 관심이 없었고, 자라서도 또래 아가씨들처럼 데이트를 할 줄도 몰랐다. 대신 아주 어려서부터 배운 책 읽기와 늘 함께했다.

그림책은 주야장천 책만 읽어대는 엘리자베스 브라운을 그려낸다. 드디어 현관 기둥을 따라 높이 쌓이다가 커다란 현관문까지 막아버려 더는 단 한 권도 책을 사들일 수 없을 지경에 이를 때까지. 하지만 거기서 끝이 아니다.

휘파람을 불며 마을로 간 엘리자베스 브라운은 자신의 전 재산을 헌납하여 엘리자베스 브라운 도서관을 만든다. 그리고 친구 집으로 거처를 옮겨 또 책을 읽으며 살아간다.

처음에도, 지금도 『도서관』을 읽으면 마음이 뭉클하면서도 편안해진다. 처음 읽었을 때는 그냥 엘리자베스 브라운만큼만 살면 좋겠다 했었다. 엘리자베스 브라운만큼만이 무엇이었을까?

그 답을 오랜 시간이 흘러 찾았다. 예전에는 그저 자기가 좋아하는 걸 자신의 직업으로 삼아 평생을 하고 살았던 엘리자베스 브라운이 부러웠다고 생각했었다. 물론 그런 면도 있다. 좋아하는 걸 평생 하며 사는 게 어디 쉬운 일인가? 하지만 다시 보니 거기에는 '책'이 있었다.

『도서관』이 소중한 책이었던 의미를 제대로 알게 되기까지는 새삼 올해 나에게 온 마음의 병이 있다. 가진 것들을 다 털어버리고 딸랑 가족들 몸만 담을 공간으로 옮기던 그 시절도 다 넘겼다 생각했는데 뜻밖에도 올해 주저앉아버리고 말았다.

주변 사람들은 내 앞에 장애물이 하나도 없는데 왜 그러냐는데, 나는 내 마음을 넘지 못한 채 널브러져 버렸다. 환갑을 앞둔 시절에도 케

케묵은 관계에 대한 트라우마가 솟아올랐고, 자존감은 깊은 수렁 어느 곳에 있는지 가늠조차 되지 않았다.

그렇게 헤매던 시간 늦은 밤 찾은 카페에서 한동일 신부의 『라틴어 수업』 속 글귀가 위로가 되었다. 들뛰던 마음이 차분해졌다. 그렇게 책 속 한 줄 글귀에 위로받는 나 자신을 보며 비로소 나의 안전기지가 '책'이었음을 깨달았다. 왜 가장 좋은 그림책이 『도서관』이었는지, 엘리자베스 브라운이 그렇게 부러웠는지 알게 된 것이다.

안전기지(secure base) : 아이가 외부 세계로 나아가는 데 있어 발판이 됨과 동시에 탐색을 마치고 돌아왔을 때 신체적·정서적 재충전을 제공해준다.

존 볼비의 애착 이론 중 주요 개념이다. 여기서 주로 안전 기지가 되는 건 어린아이의 주양육자, 그중에서도 엄마인 경우가 많다. 아기들은 성장 과정에서 엄마와의 애착 형성 여부에 따라 성인이 된 이후에도 '관계'에 대한 자신의 정체성에 영향을 받는다. 나의 경우에도 그랬다. 나의 의사와 상관없는 부모들의 이합집산으로 나는 오래도록 구멍이 숭숭 뚫린 자존감으로 시달렸다. 그리고 그 트라우마는 내 마음이 흔들리면 언제나 다시 수면 위로 올라 나를 바닥으로 끌어내렸다.

그런데 어디 나뿐일까, 세상 사람들 열이면 열 막고 물어보면 과연 안정적인 애착 형성, 든든했던 안전기지를 가진 사람이 얼마나 될까? 그보다는 저마다 어린 시절의 상흔으로 여전히 마음의 그림자를 가진 사람이 더 많지 않을까. 그렇다면 사람들은 다 발판도 없이 재충전도 못하며 살아가야 하는 것일까?

그런데 사람으로 인해 혼란을 겪던 시절마다, 의지가지없다고 홀로 목 놓아 울던 그 시절, 힘들고 외롭다 생각했을 때마다 나는 책을 펼쳐 들었었다. 그리고 그 책에서 나는 현실을 버텨낼 힘과 외로워도 슬퍼도 홀로 걸어 나갈 든든한 지원을 얻어왔다. 안전기지가 꼭 나를 키워준 엄마, 사람이란 법이 어디 있나?

지난 시절의 내가 쓴 글에서 손가락 사이로 흘러내려가 잡히지 않은 그 무엇임에도 열심히 도서관을 들락거렸다는 글귀를 보고, 그 손가락 사이로 흘러나간 것들 때문에 그 시절을 버텨냈구나 하는 생각이 들었다.

올해도 그랬다. 도서관마저 닫는 상황에서도 나는 본능적으로 책을 들었다. 코로나의 답답함을 에이모 토울스의 장편소설 『모스크바의 신사』 속 모스크바 한 호텔에 갇힌 신사와 동병상련의 마음으로 견뎠다. 마음에 차오르는 답답함을 내려놓으라는, 그리고 나의 저 밑바닥 솔직한 감정을 바라보라는 글귀들로 나 자신에게 솔직해질 수 있었다. 그렇게 쌓인 몇 권의 책들은 주저앉지 않으려고 붙잡은 지푸라기들이었다. 그리고 그 지푸라기들은 언제나처럼 내 손을 잡아주었다.

그림책 『행복한 청소부』처럼 자신이 좋아하는 일을 하며 살아가는 사람들의 이야기를 다룬 그림책은 많다. 그런데 그 많은 이야기 중 『도서관』이 오래도록 나의 베스트 그림책이었던 이유는 바로 그 엘리자베스 브라운이 읽어도, 읽어도 또 읽고 싶었던 책에 있었다. 그리고 나 역시도 늘 살면서 책을 내 마음의 보루로 삼아 지내왔던 거 같다. 그러니까 나의 안전기지는 '책'이었다.

엘리자베스 브라운이라고 달랐을까. 『도서관』에서야 계속 책 속에 얼굴을 파묻은 엘리자베스 브라운만 그렸지만, 때론 파묻은 책 속에서 얼굴을 들어 막막한 세상과 마주했을 때, 그 막막함을 견디기 위해 다시 찾은 책 역시 엘리자베스 브라운의 안전기지가 되어주지 않았을까.

물론 꼭 책일 필요는 없다. 아름다운 선율의 클래식 음악일 수도 있고, 그 반대로 '불타 오르네'를 외치는 아이돌 그룹의 음악일 수도 있다. 책이든 음악이든, 뜨개질이든, 혹은 자연과 벗 삼은 산책이든 그게 아니라면 찾아가 내 맘을 터놓을 수 있는 벗이라도, 내가 세상을 살아가며 상처받고 그래서 자존감이 바닥을 칠 때 돌아가 위로받을 수 있는 나의 안전기지를 찾아내는 게 중요하다. 그래야 다시 그 '안전기지'에서 내 마음을 회복하고 세상으로 나갈 용기를 얻을 수 있을 테니까.

두 번째 시선

인생의 경주마에서 잠시 내려보기

장소현

2017년 부모교육 강사로 위촉을 받고 활동이 늘어나면서 최근 4년 동안 정신없이 달려왔다. 현장에서 학생들을 만나면서 부모교육의 필요성을 알았고 원하던 일이었기에 오는 강의마다 거절하지 않고 시간만 맞으면 열심히 출강했다.

내가 직장생활이 아닌 강사를 택한 것은 조직적인 틀보다는 자유롭게 움직일 수 있는 면이 좋아서였다. 정해진 트랙 안에서 앞만 보고 달리는 경주마보다는 자유롭게 초원을 달리는 야생마와 같은 삶을 원했던 것이다. 그런데 일정에 쫓겨 지내고 보니 어느새 나는 직장을 다니던 때와 다르지 않게 경주마처럼 달리고 있었다.

경주마는 속력을 내기 위해서 앞만 보고 달리도록 말의 눈 부위에 차안대를 씌운다. 주변의 시야를 차단함으로써 산만해지지 않고 전

방에 집중할 수 있도록 하는 것이다. 나는 차안대를 씌운 경주마처럼 자신을 돌아볼 겨를도 없이 일정대로 움직이느라 바빴다. 바쁘게 지내다 보니 2년마다 받아야 하는 국가건강검진 시기를 놓쳤고, 하고 싶은 취미 생활도, 읽어야 하는 책도 미루어두었다.

　코로나 팬데믹의 시간, 나는 내 인생의 트랙에서 잠시 떠나야만 했다. 열심히, 하지만 자유롭게 그렇게 나의 일을 즐기며 하고 싶었는데 돌아보니 내가 얼마나 맹목적으로 달려왔는지 깨닫게 되었다. 처음에는 무엇을 해야할 지 당황스러웠다. 멈춰진 상태가 불안했다. 하지만 시간이 지날수록 요동치는 마음은 진정이 되기 시작했고 눈가리개가 벗겨지며 갇혔던 시야가 넓어졌다.

　우선 　내가 좋아할 만한 취미를 찾아보려 했다. 평소 캘리그래피 작품을 보고 나도 써보고 싶다고 생각만 하다가 과감하게 시작해보았다. 붓 다루기 연습, 먹물과 친해지는 연습, 손을 따라 마음을 표현해 가는 연습 등을 통해 오롯이 나에게 집중하는 시간을 가졌다. 캘리그라피를 쓰는 시간은 소진이 아니었다. 에너지를 충전 받았고 즐거움을 얻었다. 30분 정도밖에 쓰지 않은 것 같은데 2시간 이상 지나기도 했다. 2시간 이상 몰두하며 빠져있는 나를 보면서 그간 이처럼 즐거움을 느끼며 했던 것들이 무엇이 있었나 되돌아보게 되었다.

자신이 좋아하는 일을 찾고 싶은데 어떻게 해야할지 모른다면 지금 달리고 있는 인생의 경주마에서 잠시 내려보길 추천한다.

그림책 『도서관』이 떠올랐다. 주인공의 삶은 오직 독서뿐이다. 잠잘 때도, 학교에 갈 때도, 수업시간 중에도 엘리자베스 브라운은 책 읽을 생각만 한다. 그래서 너무 많은 책 때문에 침대가 부서지기도 하고 책장이 무너져 내리기도 하지만 주인공은 운동을 하면서도, 청소를 하면서도 여전히 책을 읽는다.

주인공은 공부를 위해 읽는 것도 아니고 자격증을 따기 위해 책을 읽는 게 아니다. 그냥 책이 좋아서 함께 하는 것이다. 그녀의 삶에 있어서 책은 자유가 된다. 그 자유를 위해서 그녀는 데이트도 포기하고 더 나은 뭔가를 버리고 책과 함께할 수 있는 도서관 사서가 되었다. 나중에는 자신이 좋아하는 책을 계속 보기 위해서 자신의 집을 마을 도서관으로 기증한다. 엘리자베스의 이런 모습은 자유롭게 자기의 삶을 즐기는 과정이다.

심리학적 의미에서 몰입이란 깊이 파고 들어 심취하는 것을 말한다. 몰입은 시간이 흘러가는 것조차 잊을 정도로, 마치 숨을 쉬듯이 자연스럽게 빠져들어 자신의 정신적인 역량을 몰입의 대상에 100% 쏟아 붓는 일이다.

엘리자베스는 어떤 상황에서도 여유 있고 평화스럽게 보인다. 그러기에 장면 곳곳에 책을 보는 모습이 그 자체로 우리에게 힐링이 된다. 무언가에 쫓기지 않고 평생 그녀가 몰입하는 것, 다른 사람의 시선을 의식하지 않고 자기가 좋아하는 걸 하는 모습 자체가 부럽다. 이걸 보는 것만으로도 우리는 마음이 편하다.

나도 처음에 강사를 할 때는 엘리자베스가 책 읽는 것을 좋아하듯이, 강의하는 것이 너무 좋았다. 그런데 나는 어느 순간 내가 하는 일에 갇혀 버렸다. 지난 4년을 마치 일 중독자처럼, 일에 쫓기며 살았다. 얼마나 자신의 건강과 마음의 안녕을 밀쳐뒀던가? 그때 나는 일에 몰입했다고 봐야 할까? 아니다 해치우듯이 보냈던 날들도 있었다.

현대 사회는 우리에게 생산적 관점의 몰입을 강조한다. 미쳐라 시리즈 책이 유행을 탔다.

『10대, 꿈을 위해 공부에 미쳐라』
『20대, 공부에 미쳐라』를 외치더니
『30대, 다시 한번 공부에 미쳐라』
『1년만 공부에 미쳐라』

이제는 『공부하다 죽어라』의 책 제목까지 나왔다. 많은 부모들은 이 '미쳐라' 시리즈에 열광했다.

부모들은 자식들이 성공적인 삶을 살아가길 바란다. 성공의 수단으로 공부를 잘하길 원한다.

좋은 직장 가려면 공부해라
나중에 후회하지 말고 공부해라
너는 불안하지도 않냐 등

마치 좋은 성적을 못 내면 퇴출당하는 경주마가 될 것 같은 걱정으로 끊임없이 자녀를 몰아치기도 한다. 경주마든, 야생마든 내가 좋아하는 일이 몰입으로 연결될 때 바로 '진짜 행복'이 아닐까 싶다. 주인공에게 책은 어렵고 지루한 것이 아니라 기쁨과 행복을 주는 것이었다. 우리 아이들도 공부든, 일이든 내가 좋아하는 것들로 채워진 자신만의 초원에서 자유롭게 달릴 수 있도록 부모들이 조금 더 마음의 여유를 가지고 바라봐 줘야 하지 않을까.

세 번째 시선
나는 도서관이 좋다

이혜선

    나는 도서관이 좋다. 정말 도서관이 좋다. 창 넓은 도서관에서 활자를 통해 세상과 만나는 시간을 좋아한다. 가장 즐겨하던 공간이 코로나19로 폐쇄되었을 때 많이 아쉽고 슬펐다. 오래 전, 대학원 진학을 위해 매일 도서관에 가던 시절이 있었다. 공부에 집중하기 좋은 좌석에 앉기 위해 개관 시간 이전에 출근하고 문 닫는 시간까지 하루 종일 공부만 했다. 집에서는 잠만 자고 다시 도서관으로 향하는 일상이었다. 공부하다가 지치면 서가에 들려 책 제목들을 훑어보며 마음을 달랬다.

    그렇게 치열하게 공부해서 원하는 대학원에 진학할 수 있었다. 얼마 후 또 새로운 공부를 시작하며 다시 도서관에서 살다시피 했었다. 도서관은 삶의 준비를 위한 터전이었고, 많은 사람들과 함께 했지만 오롯이 나만을 위한 공간 이었다. 여전히 도서관을 이용하며 신세를

지고 있다. 도서관에 참 빛이 많다.

 몇 해 전 미국 여행 중에도 뉴욕 공공도서관에서 책을 읽을 생각에 마음이 설레었던 기억도 있다. 우리나라뿐 아니라 이 세상에는 가고 싶은 도서관이 참 많다. 다양한 그곳을 좋아하는 나에게 도서관은 마치 현지인 친구처럼 '어서 오라' 손짓한다.

 그런 나이기에 그림책 『도서관』을 좋아하지 않을 수가 없다. 그림책을 펼치면 얼굴은 보여주지 않고 책 읽기에 몰두하는 주인공의 모습이 눈에 들어온다. 펜과 잉크를 사용한 은은한 수채화로 표현된 그림이 순정만화를 떠올리게 한다. 아내인 사라 스튜어트가 글을 쓰고 남편인 데이비드 스몰이 그림을 그린 작품이다. 글과 그림의 조화가 마치 오래 살아온 부부처럼 자연스럽게 융화되어 빛난다. 살펴보면 속표지 옆에 '엘리자베스 브라운 전기'라고 적혀 있다. 주인공의 이름이다. 영국의 여왕 엘리자베스와 동명이인인 주인공은 황새가 아기를 물어다 주듯이 하늘에서 뚝 떨어져 내리는 것으로 이 땅에 태어난다.

 곱슬머리에, 마른 몸매를 지닌 엘리자베스는 가늘고 흰 손가락으로 책을 잡고 넘긴다. 다른 여자아이들이 좋아하는 인형 놀이에는 전혀 관심이 없다. 그러나 책 읽기는 아주 어려서부터 배웠고 믿을 수 없을 만큼 빨리 읽는다. 잠잘 때도 늘 책을 끼고 누워 있고, 손전등이 있는 이불을 텐트처럼 세워놓고 잠들 때까지 책을 읽는다. 언제나 어디서나, 날씨와 상관없이 그녀는 책을 손에서 놓지 않는다. 천장에 닿도록 사방에 쌓인 책, 그렇게 계속 책만 읽다보니 커다란 안경은 당연지사일 수밖에.

기숙사에 들어갈 때도 트렁크 가득 책을 가져가서, 침대 프레임이 무너졌다. 수업시간에도 선생님 말씀에 집중하지 못하고 책과의 대화에 몰두해 있다. 새벽녘까지 춤추는 데이트보다 엘리자베스는 밤새도록 책을 읽는 것을 더 좋아했다. 그러던 어느 날 기차를 탔다가 길을 잃어버린 그녀는 낯선 곳에 정착하여 아이들을 가르치며 살게 된다. 이야기지만 자신의 삶을 이렇게 쉽게 결정하다니 놀랍기만 하다. 그 어디든 책만 읽을 수 있다면~, 엘리자베스는 그렇게 생각한 것일까?

엘리자베스는 책을 읽고, 또 읽는다. 책은 계속 쌓이고 쌓여서 그 무게로 책장이 주저앉았다. 책이 너무나 많아져 현관문까지 막아 버렸지만 책 읽기는 계속되었다. 그녀는 책을 더는 구입할 수 없는 현실 속에 잠시 책 읽기를 멈추고 주변을 바라본다. 책 읽기를 좋아했던 어린아이는 어느새 중년을 지나 노년이 되어 있었다. 책과 함께 인생을 살아온 그녀는 '나, 엘리자베스 브라운은 전 재산을 이 마을에 헌납합니다.'로 삶을 한 단계 마무리하고, 그녀의 집은 '엘리자베스 브라운 도서관'이 된다.

나는 몇 년 전에 여고생들과 특별활동 수업을 진행했다. 요즘 청소년들의 삶으로 살짝 들어가 본 시간이었다. 읽고 버려지는 그림책으로 나만의 업사이클링 작품을 만드는 활동을 했다. 수업에서는 좋아하는 그림책을 오려서 입체 액자를 만드는 작업을 했다. 나는 학생들이 쓰고 남은 자투리 그림으로 액자를 하나 만들었다. 여전히 책장 한 켠을 차지한 그 액자에는 나이 지긋한 두 여인이 따뜻한 벽난로가 있는 등 높은 소파에 앉아 책을 읽고 있다. 바로 전 재산을 기부한 엘리자베스가 친구의 집에서 함께 책을 읽는 장면이다.

아름다운 이 장면에 떠오르는 그림이 있다. 구부정한 자세로 집중해서 책을 읽는 나이든 여성의 눈빛은 진지하다. 이 인물은 일찍 과부가 되었지만 84살이 되도록 예루살렘의 구원자를 기다리며 밤낮으로 금식과 기도로 하나님을 섬긴 성경 속의 예언자 안나이다. 무릎 위에 성경책을 펼쳐놓고 주름진 손을 펴서 책 위에 올려놓고 손가락 끝으로 한 글자씩 짚어가며 읽고 있다.

이 그림의 작가는 렘브란트로 자신의 어머니 라이덴을 모델로 그렸는데, 내게는 『도서관』에 나오는 노년의 엘리자베스로 보인다. 실제 누가복음에는 안나가 성경을 읽고 있다고 쓰여 있지는 않다. 그런데 렘브란트가 살던 당시의 네덜란드는 종교 개혁 중이었고 성경 자체가 개혁의 상징이었다. 그래서 그림 속 안나의 독서는 시대적 상징성을 띄고 있다. 읽음을 통해 종교적 진리에 다가감, 더 나아가 인간의 읽기 자체가 삶의 진리에 다가가는 구원의 길이 아닐까.

그림책을 '0세부터 100세까지 읽는 책'이라고 한다. 똑같은 책이라도 나이가 들어 읽는 책은 어릴 때 읽은 책과는 또 다르게 낯설고 새롭다. 평생을 책과 함께 살아가며 평화롭게 서로를 존중하며 책을 읽는 노후의 여유는 아름답다. 등 높은 의자에 앉아 책을 읽는 할머니가 된 엘리자베스가 평생 읽었던 책들은 어떤 것이었을까? 책 읽기가 인생이었던 그녀의 인생 책이 있을까?

Elizabeth Brown Moved in with a friend
And lived to a ripe old age.
They walked to the library Day after day,
And turned page... after page...

닮고 싶은 엘리자베스의 마지막 장면은 원서에 이렇게 소개되며 마무리된다. 아 좋다. 참 좋다.

Rembrandt Harmenszoon van Rijn,
The Prophetess Anna (known as 'Rembrandt's Mother), 1631

4

『안녕하세요』 카타리나 소브럴 (지은이)
그림책공작소

그림책을 바라보는 세 가지 시선

첫 번째 시선

안녕하기 위한 당신의 해법은?

이정희

오늘 여러분의 마음은 어떠신가요? 안녕하신가요? 마음, 그게 문제다. 그 손에 잡히지도 않은 마음이 우리 자신을 사로잡아버려 우리를 주저앉게 만들고 한 발자국도 움직이지 못하게 만든다. 아니 멀쩡하게 남들 다하는 거 하면서 살아가는 거 같지만 내 속에서는 시베리아 바람이 휘몰아친다. 밥 잘 먹고 일 잘하면 됐지 뭐가 문제냐고 하지만 그 마음이란 게 도통 내 마음대로 되질 않으니 이거 참 난감하다.

20세기에 들어 등장한 심리학이라는 학문은 바로 그 마음의 문제를 본격적으로 다루기 시작했다. 심리학을 창시한 프로이트는 스스로도 어쩌지 못하는 마음의 문제를 해석하기 위해 무의식의 영역을 드러냈다. 그리고 프로이트 이래 수많은 심리학자들이 마음을 다스리는 갖가지 처방과 방법을 간구해왔다.

그 전이라고 마음의 문제가 없었을까. 하지만 종교적 영역이 전 사회를 지배했던 근대 이전의 사회에서 개인보다는 집단, 개인의 의식보다는 종교나 집단의 의식이 우선되었기에 내 마음의 문제가 부각되지 않았다. 자본주의 사회에 들어서면서 개인은 공동체적 삶에서 풀려나 원자화된 존재로 살아가게 되었고, 그와 함께 고립된 개인으로서 자신의 존재론적 고민을 떠안게 되었다.

마음으로 읽는 그림책

아동 도서의 노벨상이라고 불리는 볼로냐 국제 아동 도서전 일러스트레이션 부문에서 최우수상을 수상한 포르투갈의 작가 카타리나 소브럴의 그림책 『안녕하세요』는 바로 그 마음에 대한 이야기를 펼친다. 글자 없는 그림책, 저마다의 마음으로 읽어내야 하기에 더 풍성하게 다가오는 이야기이다.

우리말로 번역된 그림책의 제목은 『안녕하세요』지만, 원제는 포르투칼어로 vazio, 책 내용 그대로 '공허함'이라는 뜻이다. vazio라는 말에 걸맞게 표지에서 부터 마음이 텅 빈 한 남자가 등장한다. 자신의 집

거울을 보고 스스로 자신을 색칠해보는 사람, 그런데 그 색칠이 그닥 성공적이지 못했나 보다. 다음날 병원 대기실에 앉아있다. 의사 선생님은 그 사람의 공허한 마음을 진단할 수 있을까?

여기저기 진찰도 해보고, 의학 서적도 뒤적여보고, 다른 선생님께 전화를 걸어 자문도 해보고, 각종 검사도 해보지만 병원을 나온 그 사람이 여전한 걸 보면 현대 의학이 그닥 도움이 되지 않은 듯하다.

공허한 사람은 자신을 채우기 위해 여러 가지 시도를 해본다. 음식을 먹기도 하고, 자연에 자신을 맡겨보기도 한다. 미술관에 가보기도 하고 새도 키워본다. 그런데 그 시도들이 여전히 성공적이지 못했던 듯. 비오는 날 우산도 없이 거리에 서있는 그 사람에게 채워져 가는 빗물이 그 사람이 흘리는 눈물 같다. 도대체 이 사람의 마음을 채워줄 수 있는 게 있을까?

이것저것 해보았지만 여전히 마음이 허전하기 이를 데 없는 그 사람은 고개를 푹 수그린 채 거리를 걸어간다. 그런데 저기 맞은편에 그 사람처럼 마음이 텅 빈 또 한 사람이 책에 얼굴을 박은 채 다가오고 있다. 땅에 시선을 둔 남자 사람, 그리고 책에 시선을 빼앗긴 여자 사람,

두 사람이 스쳐지나가는 순간, 겹쳐진 두 사람의 심장은 하트 모양이 된다. 그런데 두 사람은 자신의 심장이 비로소 모습을 드러낸 그 순간을 깨닫지 못한 채 서로를 비껴 지나간다. 스쳐지나가고서야 남자는 깨닫는다. 텅 비었던 자신의 마음속에서 심장이 뜨겁게 뛰기 시작했다는 것을.

당신의 마음은 어떤가요?

이야기는 여기까지이다. 독자들도 그림책을 다 보고 나서야 비로소 깨닫지 않았을까. 그동안 텅 빈 자신의 마음을 치유하기 위해 애써왔던 남자가 시도해 보지 않은 유일한 해법이 무엇인지를. 사회적 동물인 우리의 마음을 채워줄 수 있는 건 결국 또 다른 사람, 관계라는 것을 그림책은 돌고 돌아 우리에게 전해준다.

이제 텅 빈 마음을 울리는 뜨거운 심장을 깨닫게 된 남자 사람은 자신과 하트를 이뤘던 그 여자 사람을 다시 만나게 될까? 만나게 될 지 어떨지는 두 사람이 지닌 인연에 뜻에 따르게 될 것이다. 하지만 자신의 텅 빈 마음을 채우기 위해 병원도 가보고, 자연으로, 전시회로 갖가지 방법으로 애를 써왔던 남자 사람의 노력이라면 아마도 좋은 결과를 얻지 않을까? 아니 꼭 그 여자 사람이 아니더라도 남자 사람은 이제 알 것이다. 자신의 텅 빈 마음을 채우기 위한 '치료제'가 무엇인가를.

'코로나 블루'라는 신조어가 등장할 정도로 사회적 격리로 인해 분리된 생활은 우리들에게 존재론적 짐을 하나 더 안겨주었다. 안 그래도 고립된 개인으로 살아가는 삶의 무게가 버거웠는데, 시절이 엎친 데 덮친 격이 되었다. 아이러니하게도 그래서 우리는 온기를 전해주는 존재의 소중함을 다시 한 번 절실하게 깨닫게 되었다. 그런 의미에서 『안녕하세요』는 이 시절 우리에게 많은 생각을 떠올리게 하는 그림책이다.

그래서였을까? 『안녕하세요』의 그 텅 빈 남자가 나쁘지만은 않게 다가왔다. 비어있음이 있기에, 채워짐의 시간이 온 게 아닐까 싶은 것이다. 그와 함께 거리를 오가던 사람들, 그 사람들은 충만한 마음으로 살아갈까. 옷으로 가리고 있지만 우리 모두는 저마다 많든 적든 '비어있음'을 지니고 살지 않을까.

우리는 살아가며 공허하다는 생각을 종종 하며 살아간다. 사는 게 재미가 없다고도 한다. 그런데 그 지금의 재미없음, 공허함은 의사가 치료할 수 없듯이 병이 아니다. 비어있음은 결핍일 수도 있지만, 동시에 채워짐을 위한 공간의 여유라고도 볼 수 있지 않을까. 그가 자신의 빈 마음을 깨닫고 그걸 채우기 위해 노력했으니 결국 마음의 붉은 불이 켜지는 운명을 맞이하게 된 거라고 생각한다. 그렇듯이 우리도 우리 마음을 잘 들여다보고 애쓴다면 그 공허한 마음을 채울 방도를 찾지 않을까.

나 역시도 나이가 들고 아이들도 커가며 빈둥지 증후군을 겪었다. 코로나로 인해 하는 일이 줄어들자 고립된 생활이 주는 우울감은 더욱 깊어졌다. 그래서 였을까, 그 시간 이후 나에게 온 인연들이 새삼 더 소중하다. 사소할지도 모를 관계의 메시지가 주는 온기에도 감사함을 느끼게 되었다.

되풀이 되는 일상의 어느 아침 카톡이 울렸다. 빨래를 널다가 문득 생각났다는 지인의 한 마디가 그렇게 반가울 수가 없었다. 해 저무는 저녁 무렵 안부를 물어주는 전화 한 통화의 고마움은 또 어떤가. 의례적인 새해 인사에 자신이 쓴 글을 올려주며 프로필 사진의 내가 언제

그렇게 늙었냐는 선배의 걱정이 쓸쓸하기는커녕 여전히 나를 몇 십 년 전의 후배로 기억해주시는 마음이 감사했다.

매주 매달 잊지 않고 만남을 이어가는 관계들이 지금의 내 마음을 채워주고, 내 심장을 여전히 뛰도록 만들어 주는 동력이라는 것을 격리의 시간이 아니었다면 이렇게 소중하게 깨달을 수 있었을까. 여러분은 어떠신가? 여전히 빗물로 채워지는 자신의 텅 빈 마음에 한량없는 쓸쓸함을 느끼고 계신 건 아닌지. 혹시 이미 당신의 심장을 뜨겁게 뛰도록 만들 하트의 심장이 스쳐지나갔는데 깨닫지 못하고 계신 건 아니었는지.

두 번째 시선
인간의 마음은 감정을 담는 그릇과 같다

장소현

　모처럼 미루어두었던 주방 정리를 했다. 결혼할 때 친정엄마가 혼수용으로 귀한 핸드메이드 그릇을 주셨다. 외국에서 사 온 그릇이라 아낀다고 쓰지 않았다. 서랍을 정리하다 보니까 다른 식기들에 밀리고 밀려 선반 깊숙한 곳에 박혀있었다. 아낀다고 한 것이 그릇으로써 쓰임을 다하지 못하는 상황이 되었다. 그릇은 무언가를 담음으로써 그 의미가 생긴다.

　그릇을 꺼내 묵은 먼지를 닦으면서 사람의 마음 안에도 이런 그릇이 있겠구나 하는 생각이 들었다. 미국 UC 버클리 연구진은 인간이 경험하는 감정의 범위는 생각보다 훨씬 넓고 27가지의 감정이 있다는 연구 결과를 발표했다. 즉 사람의 마음 안에는 다양한 감정을 담는 '감정그릇'이 있다는 것이다. 감정의 그릇을 비워두고 쓰지 않으면 사람은 우울하고 공허함이 생긴다. 심지어 감정의 그릇도 돌보지 않고 내버려 두면 조각조각 깨져버리기도 한다.

그림책 『안녕하세요』의 표지에 투명인간처럼 보이는 주인공이 등장한다. 마치 자기 마음에 아무 감정도 담지 못하는 사람처럼 보였다. 그림책 속 주인공도 감정그릇에 문제가 생긴 것 같다. 자기 안에 무언가를 자꾸 담고 싶은데, 안 담아지는 주인공의 사연이 궁금했다.

> 텅 빈 마음에 이것저것 먹어봐도 다 사라지고,
> 공원에 핀 예쁜 꽃도 담아보아도 다 사라지고,
> 미술관에서 본 아름다운 색채도 다 사라져버린다.

이 사람의 마음에는 무엇도 담기지 않는다. 의사 선생님도 이 병을 진단 못 한다. 결국, 마음의 병인 것 같은데, 그럼 마음의 병은 어디서 해결이 될까?

상담하던 중 만났던 K가 생각난다. 상담실에서 2년간 만났던 K는 알아서 책상을 정리하고 상담사를 위한 따뜻한 차를 챙기는 어른스러운 아이였다. 이렇게 따뜻한 아이였지만 감정을 표현하는데 어려움을 겪고 있었다. 감정을 드러내지 않고 무표정으로 로봇처럼 말하는 것이 꽤 오래되었다고 한다.

K는 좀처럼 마음의 문을 열지 않았다. 처음에는 무표정했고 말도 없었던 아이가 2년이라는 긴 시간 동안 조금씩 조금씩 마음을 열어갔다. K의 유일한 낙은 교회 가는 것과 상담실에 오는 것이다. 1년간 놀이치료를 통해 충분히 모래를 만지게 했다. 상담하는 1시간 동안 K가 피규어를 가지고 원하는 이야기를 모래상자 안에서 만들도록 환경을 제공했다. 처음에는 단답형의 이야기만 주고받았다. 시간이 흐를수록 아이는 모래상자 안에서 자신의 이야기보따리를 풀어내기 시작했다.

K의 아빠는 자기 생각에 사로잡혀 가족에게도 그 생각을 강요하는 사람이었다. 부모님의 사이가 멀어지면서 아빠는 자기 하소연과 집안에서 일어나는 시시콜콜한 이야기까지 K를 붙잡고 다 쏟아냈다. K는 그것을 다 들어줬다. 자신의 감정 그릇에 아빠의 감정을 채웠던 K는 더는 받아낼 공간이 없어졌다. 동의도 없이 강제로 버려지는 감정을 담아내기 힘들어 졌지만 아빠의 무단투기는 계속되었다. 그러다

보니 정작 자신의 감정을 담을 그릇이 없어졌다. 이 아이가 선택한 자신을 보호하는 방법은 감정을 억압하고 표현하지 않는 것이었다.

부모와 자녀는 아주 밀접한 관계지만 그렇다고 해서 부모가 자신의 아이에게 자신의 감정을 다 토해내면 문제가 생긴다. 아이들은 부모의 사랑을 경험하면서 자라야 몸과 마음이 건강하다. 그러기 위해서는 부모가 주는 사랑이 우선이다. K는 부모의 사랑보다 자신이 먼저 엄마와 아빠의 마음을 헤아리느라 몸은 성장했지만, 심리적 욕구를 성장시키지 못했다. 이 아이는 자신의 마음속에 감정그릇이 있지만, 그 감정그릇에는 부모의 마음이 담겨 있다. 자신의 마음을 담을 그릇이 없어서 자기표현의 방식을 잃어버렸다.

아이의 그릇에 채워진 아빠의 감정을 덜어내는 작업을 했다. 그리고 아이의 감각을 하나하나 깨우는 작업을 했다. 상담시간에 가장 먼저 하는 일은 자신이 오늘 느낀 감정단어를 찾는 일이고, 상담실 곳곳에 느껴지는 감정을 써서 붙이는 포스트잇 작업을 했다. 그림책을 1권씩 읽으면서 등장인물들의 감정을 찾아냈다. 점토 만지기, 색칠하기, 보드게임 등 놀이와 병행된 상담을 진행했다. 아이 스스로 자신의 감정을 채워갔다.

자신의 감정 그릇에 담긴 아빠의 감정들을 덜어냈을 때 비로소 K는 자신의 감정을 온전히 느낄 수 있게 되었다. 꾸준히 상담 치료를 받던 K처럼 그림책 속 남자 역시 자신 텅 빈 감정 그릇을 채우기 위해 애쓴다. 병원에도 가보고, 자연과 교감하려 하고, 새를 키우기도 한다. 매번 실패한 듯 보였던 그의 노력, 고진감래! 드디어 그의 감정 그릇에 담길 새로운 감정이 찾아온다. 사랑이다.

세 번째 시선

텅 빈 내 마음에

이혜선

몇 번이고 반복하여 그림책 『안녕하세요』를 보았다. A4용지보다 살짝 작은 이 책에는 글자가 없다. 글자가 없는 그림책이 전달하는 메시지를 찾고자 매끄러운 표지도 만져보았다. 판화로 찍은 것 같은 속지도 꼼꼼히 살펴보았다. 그림책에서 그림이 메시지 전달에 있어 아주 중요한 역할을 하지만 막상 글자 없는 그림책이라니, 감상이 쉽지 않다.

표지 속 사람이 어색한 나에게 '안녕하세요?'라고 인사를 건넨다. 일상에서 서로 만나면 의례적으로 나누는 인사말, '안녕하세요'이다. 편안할 안(安)자에 편안할 寧(녕)자의 한자어 안녕(安寧)은 '아무 탈이나 걱정 없이 편안함'으로 정의되는 사전적 의미이다. 하얀 여백의 사람이 안부를 묻는다. 안녕하세요? 정말 안녕하세요?" 코로나19 시대를 보내는 요즘, '안녕하세요'라는 인사만큼 시의 적절한 인사가 있을까? 사람과의 접촉을 줄이거나 최소화하다 보니, '안녕하세요'란 말이 통상적인 인사가 아닌 무탈하게 잘 견디고 있는지를 묻는 말이 되어버렸다.

이 책의 작가는 포르투갈에서 글 작가와 일러스트레이터로 활동 하고 카타리나 소브럴이다. 브라질로 여행갔을 때 그 큰 나라의 언어가 포르투칼어라고 해서 놀랐던 기억이 있다. 먼 이방의 나라 포르투갈에서 날아와 나에게 '안녕하세요'라고 묻는 이 책의 원제는 vazio 이다. 그 단어의 뜻은 '공허함'이라고 한다. 하얀 여백의 텅 빈 한 남자가 거울 앞에 서있다. 이 남자는 언제부터 텅 빈 사람이 되었을까?

검정색 매직을 들고 자신의 모습을 그리고 있다. 집을 나와 운전하고 병원으로 갔다. 대기실에 앉아서 순서를 기다린다. 다른 사람들은 모두 온전한 모습이다. 의사에게 진료를 받았지만, 변화는 없다. 먹고 싶은 것을 마음껏 구입해도 채워지지 않는다. 공원을 산책을 하면서 다양한 꽃과 새들의 노래 소리를 듣는다. 좋아하는 미술관에 가서 그림을 본다. 채워보고 싶었다. 하지만 채워지지 않는 공허함은 여전하다.

그림책을 보고 있노라니 가슴이 먹먹해졌다. 그리고 한 곡의 노래가 떠올랐다.

아무리 예쁘게 꾸며 봐도
나를 만나주는 사람 없어요.
아무리 괜찮은 곡을 써도
그럼 뭐해요 나는 괜찮지 않은데
아무리 사랑하려 해봐도
언제나 그렇듯 행복은 저 먼 곳에
이젠 나를 드러내는 일들도
점점 더 무서워져요
자꾸 내 자신을 계속 의심하게 돼요
내게 가르쳐줘요
원래 이랬던 건지
어떻게 살아온 건지

이미 내 삶은 내 것이 아닌 것 같죠
이미 내 삶은 주인이 없는 것 같죠

- 모은의 노래 <텅 빈 내 마음에> 중에서 -

텅 빈 마음으로 터벅터벅 길을 걷다가 텅 빈 마음의 여자와 마주했다. 그리고 그 순간, 다시 심장이 뛰기 시작했다. 하얗게 텅 빈 사람의 글 없는 이야기와 노래를 들으면서 모딜리아니의 그림을 떠올렸다.

비례가 맞지 않는 커다란 얼굴과 우수 가득한 꿈꾸는 표정 속에 사슴처럼 가늘고 기다란 목이 보인다. 눈동자가 없는 파란 눈이 쓸쓸하고 신비한 감정으로 그윽하게 바라보고 있다. 그림에는 눈동자가 없기에 많이 공허하고 섬뜩해 보이기도 한다. 모딜리아니는 사람을 그리면서 겉모습뿐만 아니라 보이지 않는 내면까지 담고자 했다. 단순히 회화의 소재로만 보지 않고 교감의 대상으로 여겼던 모딜리아니에게 눈은 영혼과 통하는 창이었고 내면을 화폭에 담아내는 수단이었다.

어느 날 모딜리아니가 사랑하는 잔느가 '왜 눈동자를 그리지 않느냐?'고 물었다. 모딜리아니는 '내가 당신의 영혼을 알게 되면 눈동자를 그릴 것'이라고 대답했다. 두 사람이 결혼생활을 시작한 얼마 후 드디어 그는 잔느의 초상화에 눈동자를 그려 넣었지만, 안타깝게도 얼마 후 모딜리아니는 이 세상과 잔느 곁을 떠나고 만다.

모딜리아니가 그리고자 했던 마음의 창을 글 없는 그림책인 이 책에서 발견한다. 감각적인 세계를 추구하면서도 감각 너머의 세계를 그렸던 모딜리아니와 아무 이야기도 없이 질문을 던지는 이 책이 나에게 와 이야기가 된다. 심장이 뛰며 스쳐가는 사랑이 모딜리아니와 잔느가 되어 다시 만나고 있다. 공허한 시대를 살아가는 현대인들에게 무심히 던지는 인사말에 함께 안부를 되묻고 싶은 시간이다. '네, 안녕하세요?'

Amedeo Modigliani,
Amedeo Modigliani poster : Portrait of Jeanne Hebuterne, 1918

5

『우당탕탕, 할머니 귀가 커졌어요』 엘리자베스 슈티메르트 (지은이)
카를리네 케르 (그림), 유혜자 (옮긴이), 비룡소

그림책을 바라보는 세 가지 시선

첫 번째 시선

역지사지의 처방전은 어때요?

이정희

엘리자베스 슈티메르트의 그림책 『우당탕탕, 할머니 귀가 커졌어요』는 우리에게는 층간 소음이라는 문제로 너무도 익숙한 이야기이다. 우리 집 위층에서 12시가 넘어 청소기를 돌린다. 처음에는 1회성인 줄 알았는데, 지내다 보니 매일 그 시간에 일정하게 청소기 소리가 난다. 모두가 잠든 시간, 그 조용한 시간에 위층에서 들리는 청소기 소리, 나도 그림책 속 할머니처럼 뛰어올라가고 싶었던 적이 있었다.

> 새 집으로 이사 온 가족들은 온 방안을 돌아다니며 즐거워했어요. 세상에서 가장 행복한 사람인 것 같아 큰 소리로 웃고 고함도 질렀죠. 식구들은 너무 기뻐서 손을 잡고 둥그렇게 원을 그리며 춤도 추었답니다.

얼마나 좋았으면 춤까지 췄을까, 그런데 기쁨도 잠시 아래층 할머니가 등장한다. '왜 이렇게 시끄러운 거예요? 천장이 다 무너지겠어요!'라고 소리를 꽥 지르고 문을 꽝 닫고 층계를 쿵쾅쿵쾅 내려가 버린다.

위층 가족들은 자구지책을 모색한다. 카펫도 깔고 쿠션으로 입도 틀어막고, 하지만 소용이 없다. 아래층 할머니는 날마다 올라와 잔소리를 해대고, 빗자루로 천장을 쿡쿡 찌르거나 난방기를 두드리며 시끄럽다고 난리다. 결국 위축된 위층 아이들은 생쥐처럼 네 발로 기어 다니고 말도 속삭이며 하게 되었다.

조용해지면 문제가 해결될까?

그러면 이제 문제가 해결되었을까? 우리 사회에서라면 위층 가족이 조용해 진 걸로 사태가 일단락되었을 것이다. 우리 집 역시 조금 기다려 보니 잠잠해졌다. 하지만 『우당탕탕, 할머니 귀가 커졌어요』는 다르게 이야기를 펼쳐낸다. 위층 가족의 동정에 온통 신경을 쏟던 할머니, 위층에서 소리가 들리지 않자 어떻게든 위층의 소리를 들으려 애를 쓰다 귀가 커지기 시작한 것이다. 너울너울 커져버린 할머니 귀는 이제 모자로도 가려지지도 않고 동네 사람들이 수군거려 집 밖을 나가지 못할 상황이 된 것이다. 위층에서 나는 소리 때문에 귀가 커진 할머니라니 층간 소음이라는 사회적 문제에 대한 기발한 상상력이다. 한껏 위축된 위층 사람들, 기세등등한 할머니 그림으로 전달되는 '풍자'가 실감 그 이상이다.

 층간 소음이라는 위층과 아래층의 갈등은 위층 가족들에게는 생쥐가 되어버린 듯 위축된 상황을 야기했고, 아래층 할머니에게는 귀가 커지는 병이 생기게 되었다. 외적으로는 층간 소음이라는 사건이지만 그 아래 잠재되어 있는 건 오늘날 우리가 어디서나 부딪치고 있는 관계의 문제이다. 관계로부터 시작된 갈등이 내재화되어 위층 가족과 아래층 할머니 모두에게 스스로 견디기 힘든 상황을 초래한 것이다.

 이럴 때 우선 떠오르는 사자성어가 역지사지易地思之이다. 아래층 할머니가 대뜸 위층에 뛰어올라가 소리를 지르기 전에 오늘 이사를 왔느냐고, 그래도 아래층에 사는 내가 시끄러우니 조금 조용히 해달라며 접근했다면 아마도 위층 사람들은 생쥐가 될 만큼 위축되지는 않앉을 것이다. 늘 조용히 살던 할머니지만 위층에 아이들이 있으니 어느 정도는 '시끄러움'을 감수해야 한다고 생각했다면 어땠을까? 정작 위층에 올라가 소리를 꽥 지르고 쿵쾅쿵쾅 내려왔던 자신의 모습을 되새겨보았다면? 게다가 할머니는 제법 우렁차게 짖을 것 같은 개도 한 마리 키우시는데 그 개한테도 위층 아이들한테 하듯이 그랬을까? 물론 위층 사람들도 이사 온 기쁨에 들뜨기 전에 자신들의 아래층에 누군가 살고 있을 거라는 배려가 우선했다면 어땠을까?

역지사지라는 건 한 마디로 '입장 바꿔 생각해 봐!'이다. 우리는 사회에 머물러 살면서 관계를 맺고 살지만 늘 관계에서 우선시되는 건 나, 내 입장이다. 나를 위주로 관계를 맺다 보니, 관계로 인한 문제들이 나를 중심으로 풀어지지 않으면 못 견디는 상황에 봉착하게 되는 것이다. 그런데 아이러니하게도 나를 중심으로 풀면서 그 원인을 전적으로 바깥에서 찾는다. 당신들이 해결해주라는 식이다.

못 들어 생기는 병

그림책에서 할머니 귀는 어떻게 되었을까? 의사는 처방을 내린다. '들리지 않는 소리를 들으려고 너무 애쓰다가 병이 나셨군요. 못 들어서 생긴 병이 나신 거예요.' 위층 가족 소리에만 신경을 쓰던 할머니에게 병이 났다. 결국 '나'가 탈이 난 것이다. 결자해지, 의사의 처방전에 따라 할머니는 소리를 청할 수밖에 없었다.

처방전이 말하고자 하는 건 무엇이었을까? 위층 소리 때문에 시끄러워 못 살겠다던 할머니는 이제 소리를 들어야만 하는 처지에 놓였다. 무엇이 달라져야 하는 걸까? 마음 아닐까? 못 견디겠던 소리가, 이제는 '불감청 고소원'이 되었다. 할머니의 커진 귀 해프닝은 사실 우리에게도 빈번하게 벌어지는 일이다.

심리학자 머레이 보웬은 관계를 이끌어 가는 생명력을 개별성과 연합성에서 찾는다. 내가 속한 집단과 내가 따로 또 같이 건강하게 함께 갈 수 있어야 한다는 것이다. 말은 좋지만 서로 다른 타인들이 함께 가는 길은 쉽지 않다. 관계의 문제로 골머리를 앓으면서 우리는 늘 상대가 어떻게 해줬으면 하고 마음을 끓이고 있지 않은가. 할머니처럼 전적으로 내 문제를 남 탓으로 돌리거나, 위층 가족처럼 한없이 자신들의 동굴 속으로 숨어들어가 버리곤 한다.

역지사지의 전제는 나와 다른 타인들이다. 그리고 그들과 다른 나이다. 오랫동안 공동체적으로 어우러져 살아온 우리 사회는 정작 개인과 개인이 만나 살아가는 에티듀드에는 여전히 익숙하지 않다. 그들이 나와 다른 것처럼, 나도 그들과 다르다. 그 다른 개인에 대한 전제가 되면, 거기서 그들이 나와 다를 수 있음에 대한 배려는 자연스레 따르지 않을까. 요즘 이른바 MZ세대를 중심으로 열광하는 MBTI는 그러한 타인에 대한 이해를 하고자 하는 학습 열풍이 아닐까 싶다. 그리고 그런 열풍에는 그들과 다른 나에 대한 전제가 있다. 관계의 연합성에 전제가 되는 건 개별성의 건강함이다. 우선 내가 제대로 서야 하겠다. 그렇지 않으면 늘어진 귀로 제발 소리를 들려 달라 청하는 처지가 되어버린다.

두 번째 시선

관계를 단절시키는 비난

장소현

큰 아이가 수능을 마치고 올해 대학에 들어갔다. 수능을 준비하는 아이도, 이를 지켜보는 부모의 마음도 참으로 힘들었던 시기였다. 코로나 19로 학교도, 도서관도 자유롭게 갈 수 없는 상황이 길어지자, 집에서 공부하는 날이 많았다. 어느 날, 혼자 공부하던 아이가 문을 박차고 나왔다. 아래층에서 밤새 게임하는 자판기 소리와 떠드는 소리가 나서 공부를 할 수 없다는 하소연을 했다. "아휴, 한두 번도 아니고…. 어떻게 좀 해줘"라는 말에 아이와 아빠는 늦은 밤 아래층 문을 두드렸고 서로 양해를 구하는 일이 있었다.

한참이 지난 어느 날, 낮에 누군가 현관문을 두드렸다. 문을 열었더니, 아래층에 사시는 아주머니였다. 아들 둘이 대학생인데 코로나로 학교에 갈 수 없게 되었다고 하셨다. 그래서 밤낮이 바뀌었고, 새벽까지 게임을 하는 상황이 반복되었다고 하면서 미안하다며 선물을 내

미셨다.

수능을 준비하는 아이의 마음을 충분히 이해한다며 시험 잘 보라는 응원의 메시지와 함께 합격기원이라고 쓰인 찹쌀떡을 주셨다. 사실 우리 집 아이들도 종종 시끄럽게 하는 날이 있어서 서로 불편한 관계가 될까 하는 걱정이 있었는데 층간소음의 문제로 이어지지 않고 서로가 이해하는 시간이 되었다. 양해를 구하고 마음을 전달하는 과정이 있었기에 이후로 우리는 아래층과 제법 가까워졌다. 엘리베이터에서 만나면 즐겁게 안부를 묻고 서로 챙기는 사이가 되었다.

아파트는 윗집과 아랫집이 서로 맞닿아 있어 소음에 취약할 수밖에 없는 구조다. 이것으로 다툼이 생기기도 하고 심하면 이웃 간 분쟁이 되기도 한다. 이런 층간소음을 잘 나타낸 그림책 『우당탕탕, 할머니 귀가 커졌어요』을 읽다 보니 내가 겪은 상황이 떠올랐다.

좁은 집에서 살던 가족은 넓은 집으로 이사를 한다. 새로운 집은 넓고 아이들이 뛰어놀기에 좋은 곳이었다. 온 가족은 즐거운 마음에 기뻐하며 춤을 추었다. 그런데 아래층 할머니가 아이들이 조금만 뛰어놀아도 시끄럽다며 뛰어 올라왔다.

**아니, 도대체 왜 이렇게 시끄러운 거예요?
조용히 좀 해 주세요!
천장이 다 무너지겠어요!**

한 번도 아니고, 두 번도 아니고, 매번 소리만 나면 올라왔다. 할머니의 계속된 항의로 아이들은 점점 활발한 모습을 잃어갔다. 이런 일이 반복되면서 카펫도 깔고 부모들은 물론 아이들까지 숨을 죽이며 살게 된다. 생쥐처럼 기어 다니고 놀지도 않고 잘 먹지도 않았다. 심지어 놀 때도 벌렁 드러누워 허공에 대고 발차기를 하면서 놀았다. 마음대로 숨도 못 쉬는 상황이 되었다. 이제는 아이들의 소리는 들리지 않았다.

어떠한 문제를 해결하거나 대화에서 놓치지 말아야 하는 게, 남 탓이나 상대를 비난하는 방식이다. "네가 잘못이야.", "너 때문이야"하는 방식은 듣는 사람을 쪼그라들게 만든다. 할머니의 불만이 많아지면서 아이들은 작아졌고 활기를 잃었다. 아이들이 작아질수록 상대적으로 할머니의 귀가 커지는 일이 생긴다.

듣기 싫은 소리였지만 아이들의 소리는 이제는 들리지 않았다. 아무 소리도 들리지 않자 할머니는 탁자 위에 의자를 올려놓고 위층을 향해 귀를 쫑긋 세운다. 그리고 이상하게 할머니의 귀만 커진다.

이 책을 읽고 의사소통전문가 버지니아 사티어가 떠올랐다. 사티어는 가족치료와 가족상담의 창시자이다. 사티어는 대화에서 자신의 감정을 있는 그대로 드러내는 것이 중요하다고 말한다. 자신의 감정을 적절하게 표현하고, 반응하며 그 과정에서 자신만의 고유한 의사소통과 행동방식의 패턴을 만들어 가야 한다는 것이다. 그렇지 않았을 때 회유형, 비난형, 초이성형, 산만형의 역기능적인 의사소통이 대두된다고 말했다. 이런 역기능적 의사소통 방식은 자신과 타인, 상황들을 모두 고려하지 않는데서 비롯된다.

사람들은 스트레스를 받으면 부정적으로 자기 의사를 표현하게 된다. 그중에 비난형이 있다. '왜 이렇게 시끄러운 거예요?'라고 말했던 할머니처럼, 비난형의 대화는 독선적이며 명령적이다. 무조건 자기 생각이 옳다는 식으로 상대방을 무시하는 말을 한다.

> 너는 아무것도 제대로 못 해
> 너 도대체 언제 철들래?
> 역시 넌 구제 불능이야.
> 나이가 몇인데 아직도 그러냐?

전형적인 비난형의 대화 패턴이다. 비난형을 사용하는 이들은 타인보다는 자신을 기준으로 삼아서 자신의 감정만 중요시한다. 남을 탓하고 비판하며 흠을 찾아내어 화나 분노를 표출하고 주변을 불안하게 만든다. 할머니는 위층이 시끄럽다는 이유로 자신의 화를 표현했다. 결국, 할머니의 눈치를 보게 된 아이들은 쪼그라들게 된다.

'우당탕탕, 할머니'처럼 이웃들 사이에서만이 아니라 심지어 가족 내에서도 비난형의 대화가 오가는 경우가 있다. 많은 부모가 아이와 비난형의 대화를 한다. 아이의 말은 들어주지 않고 부모가 하는 싶은 말만 하면 아이는 그림책 속 아이들처럼 주눅이 들 수밖에 없다.

상담실을 찾았던 중학생 A가 생각이 난다. 특히 시험 기간만 되면 극도의 스트레스를 받았던 아이였다. 시험성적에 대한 부담감이 높았던 아이다. 상담실에 함께 오신 엄마는 예민한 성격으로 자신을 볶는 아이라고 했다. 그런데 상담이 진행되면서 A가 느끼는 학업적 부담이 부모의 기대에서 온다는 것을 알게 되었다. 아이는 부모의 기대에 대한 스트레스와 자신이 기대에 부응하지 못한다는 것에 이중고를 겪고 있었다.

특히 시험 기간만 되면 아빠는 문을 못 닫게 하고 아이가 공부하는 것을 수시로 확인하였다. 조금만 흐트러지는 모습이 보이면,

> **이런 식이면, 너 학원 당장 끊어**
> **너에게 들어가는 돈이 얼마인지 알아**
> **뭐가 불만이야. 시험 기간에는 해야 할 것 아냐**

아이를 공격하고 결점을 찾아 질책했다. 아이를 배려하지 않은 채 아빠는 자신이 중요하게 생각하는 것만 앞세웠기 때문이다. 이런 비난이 아이에게 어떤 영향을 미치고 있는지 이해시키는데 오랜 시간이 걸렸다. 그것이 옳은 상황인지, 아이를 고려하고 있는지, 부모의 안타까움이 무엇인지, 상대도 그것을 원하는지를 부모가 깨달을 때까지 상담을 했다. 결국 문제는 아이가 아니라 부모였다.

그림책에서 할머니 방에 있는 액자에는 자기 자신밖에 없다. 할머니밖에 없는 액자는 마치 A의 아버지처럼 자기 자신만을 생각하는 할머니의 모습을 표현해준 거 같다. 의사소통이라는 과정을 통해서 서로를 이해하고 알아가야 한다. 의사 선생님은 할머니가 가진 자기중심적인 면을 간파하셨다. 그래서 이 병은 혼자 해결할 수 없다고 말한

다. 처방전은 '시끄러운 소리 듣기', 그래서 윗집에 가서 도와달라고 양해를 구한다.

이제 아이들이 내는 소리는 치료법이 되어서 그런지 할머니에겐 편안하게 들린다. 똑같은 시끄러운 소리인데 앞에서는 할머니를 괴롭혔던 소리가 이제는 편안하게 들린 것처럼 관계의 모습에 따라서 이렇게 달라진다. 마지막 장면은 굳게 닫혀있는 윗집과 아랫집의 창문이 활짝 열리면서 서로를 챙기고 즐거워하는 모습이 나온다.

우리는 사람들과 어울려 살아가면서 서로 소통되지 않는 상황에 답답함을 느낀다. 하지만 좀 더 서로를 이해하는 방식으로 관계를 행복하게 만들 수 있다. 사티어는 비난하는 대신 먼저 사과하고 존중하는 방식으로 의사소통을 할 때 사람들과 신뢰로 연결될 수 있다고 말한다.

세 번째 시선
좋은 이웃으로 살아가기

이혜선

　새로운 곳으로 이사를 했다. 정부의 부동산 대책으로 모든 매물 자체가 품귀했던 상황에 마침 딱 한 곳이 비어 있어 선택의 여지없이 급하게 옮기게 되었다. 낯선 환경에 조금씩 적응해가고 있는데, 윗 층에서는 밤 10시가 넘으면 '우당탕탕' 소리가 난다. 무언가를 끌고, 못도 박고, 발소리도 쿵쿵 울린다. 그 소리에 잠을 잘 수가 없었다.

　그렇게 몸도 마음도 불편한 감정 속에서 읽은 이 책, 처음에는 아래층 할머니와의 층간 소음 문제로만 읽혔다. 하지만 다시 마음을 가다듬고 보니 할머니의 다른 모습이 보이기 시작한다.

　이 책에서 만나는 할머니는 다른 그림책에 등장하는 할머니처럼 인자하고, 넉넉하지 않다. 윗 층에 새로 이사 온 가족들의 생활 소음에 기다림도 배려도 없이 큰 소리로 야단치고 화를 낸다. 윗 층의 가족들에게도 많은 변화가 있다. 집에서 편안하게 쉬고 누려야 하는데, 할머니로 인해 모두 우울하다. 아이들은 살금살금 걷고, 속닥속닥 말하더니 결국은 아이다운 모습을 잃어가며 침묵 속으로 숨어든다.

할머니는 정돈된 거실에서 자신을 단정하게 꾸미고 우아하게 차를 마신다. 거실과 침실에는 사진인지 그림인지 모를 자신만의 초상화가 많이 걸려있다. 가족의 모습은 사진에서도 보이지 않고 지금까지 타인에게 방해받지 않고 혼자 살아가는데 익숙한 것 같다. 발목에 파스를 붙이고 약간은 불편하게 걷지만, 모피코트를 차려입고 우아한 외출을 한다. 나이가 들어도 여전히 사회의 구성원으로서 독립적으로 살아가는 듯하다. 하지만 스치는 사람은 많아도 마음을 주고받는 사람이 있는 것 같지 않다.

귀가한 할머니는 너무 조용한 위층이 궁금해서 위태롭게 의자에 올라가 귀를 쫑긋 세운다. 하지만 아무 소리가 들리지 않자, 귀만 이상하게 길어진다. 할머니를 찾아온 의사는 위층에 사는 가족에게 '제발 시끄러운 소리를 내달라'며 부탁을 한다. 아이들이 아이답게 뛰어놀고서야 할머니의 커다란 귀는 정상이 되었다.

카롤리네 케르의 덧칠한 듯 투박한 느낌의 그림이 독특하다. 위층 가족의 무표정한 모습은 후에 아래층 할머니와 화해했을 때에 보이는 밝은 얼굴과 대조적이다. 독특하고 생생한 그림을 통해 이야기가 보다 생생하고 사실적으로 다가왔다. 그 중에서도 할머니의 침실에 잔뜩 걸려있는 그림들이 눈길을 끌었다. 할머니들의 초상화들을 흥미롭게 보다 보니 도난당했다가 다시 발견한 클림트의 '여인의 초상'이 떠올랐다.

1997년 2월, 이탈리아 피아첸차의 리치오디 미술관에서 전시실에 있던 클림트의 작품이 홀연히 사라졌다. 클림트의 말년에 완성한 그의 대표작이었다. 그로부터 23년 만인 2019년 12월 미술관에서 한 정원사가 담쟁이덩굴을 치우다가, 금속 재질의 작은 문을 발견했는데, 그 안에 검은 쓰레기봉투에 담긴 '여인의 초상'이 있었다. 미스터리 영화 같은 이 이야기는 실제로 일어난 이른바 '클림트 그림 도난 사건'이다.

빈 응용미술학교에 입학한 클림트는 건축 장식 회화 교육을 받았지만 자신만의 독자적 영역을 구축해 간다. 아르누보 계열의 장식적인 양식을 선호하고 전통미술에 대항해 빈 분리파를 결성하기도 했던 클림트는 황금빛으로 대표되는 찬란하고 화려한 색채를 특징으로 성, 사랑, 죽음에 대한 많은 작품을 남겼다. 그 중에서도 그의 예술적 능력이 가장 빛을 발한 분야는 바로 초상화이다.

자신의 지인들을 비롯하여 예술적 지원가들의 아내 등 사교계의 여인들이 초상화 속 주인공들이다. 이들의 초상화는 대부분 화사하고 풍성한 색채를 띠고 있었고, 그래서 당시 클림트의 초상화를 갖는 것이 사람들의 로망이었다고 한다. 그림에서는 보기 드문 황금빛 찬란한 그의 그림은 우리나라 감기약에 등장할 정도로 많은 사랑을 받고 있다. 평생 독신을 고집했던 그가 집요하게 매달렸던 여인들의 초상화라니, 그 아이러니에 숨겨있는 그의 '마음'은 무엇이었지 여전히 미스터리로 남아있다.

사람이 등장해도 신화나 전설, 또는 상상 속의 인물은 초상화가 아니다. 초상화는 실존한 인물을 고스란히 드러나는 그림이다. 그래서 초상화는 그리기 힘든 그림이라고 한다. 그림책에서 만난 초상화 속 할머니의 모습은 어떤가? 그곳에서 우리는 고집불통의 할머니 대신 자주적으로 살아온 다양한 표정의 여성을 발견할 수 있다. 독립적인 지난 시절이 무색하게 어느덧 할머니는 고집불통의 노인네가 되어

버렸다. 되찾은 클림트의 초상화의 주인공도 더 이상 그 시절의 앳된 모습이 아니었을 것이다. 23년이란 세월은 홍조를 띤 그 젊은 여성을 어떻게 바꾸어 놓았을까?

거리두기란 이름으로 그 어느 때보다 외롭고 쓸쓸한 시간을 보내는 것이 당연한 것처럼 느껴진다. 스치는 사람은 많아도 마음을 주고받는 이웃이 그립다. 과거보다 마음은 더 굶주리고 배고플 때 우리는 누군가의 손길을 기다린다. 그래서 할머니의 늘어진 귀는 그녀가 오랫동안 기다렸던 관계에 대한 열망이 드러난 것으로 보인다.

다시 원고를 정리하려고 책상에 앉았는데, 어디선가 첼로 소리가 들린다. 내가 좋아하는 악기소리를 이사 와서 듣게 되다니 기분이 좋았다. 위층에서 첼로를 연주하나? 밤에는 요란한 소리를 내지만, 좋아하는 악기 소리를 들으니 새삼 친근하게 느껴졌다. 좋은 이웃이 되고 싶다. 어쩌면 좋은 이웃을 벌써 만났는지도 모르겠다.

Gustav Klimt, *Portrait of a Lady*, 1916–1917

6

『불안』 조미자 (지은이), 핑거

그림책을 바라보는 세 가지 시선

첫 번째 시선
화수미제의 세상, 불안을 벗 삼다

이정희

매일 국화차 한 잔으로 아침을 연다. 자칫 우울증을 된통 겪었던 작년부터 시작한 아침을 여는 루틴이다. 몇 번씩 자다 깨고를 반복하며 긴 밤을 보내고 난 아침, 눈을 뜨면 눈부신 아침 햇살에 하루를 시작하는 상쾌함 대신, 오늘 하루를 또 어찌 보낼꼬 하는 불안이 스멀스멀 차오르기 시작한다. 몸을 일으켜 세우기도 전에 벌써 무겁다.

두 근 반 세근 반하며 뛰기 시작하려는 가슴에 손을 얹고 심호흡을 해본다. 천천히 들이마시고 내쉬고, 다시 들이마시고 내쉬고, 그렇게 호흡을 하며 마음을 가다듬고 일어나 국화차 한 잔을 마신다. 따뜻한 국화차 한 잔이 온몸을 덥힐 때쯤이면 마음도 한결 차분해 진다.

그렇게 1년 여 수시로 내 마음을 침범해 오는 불안과 함께 살아가는 처지이기에 조미자 작가의 그림책 『불안』은 남다르게 다가왔다.

커다란 새가 되어 버린 '불안'

그림책 속의 주인공 나는 때때로 어지럽게 하고, 때때로 무섭게 하는 그것, 불안을 만나보기 위해 용기를 내본다. 저 밑바닥에 있는 그것의 끈을 있는 힘껏 잡아당겨본다. 그랬더니 거대한 새의 모습을 한 불안이 나타났다. 조류 공포증이 있어서 그럴까, 거대한 새 한 마리로 표현된 불안이 너무도 실감났다.

> 아주 아주 무서운 너, 불안은 나를 쫓아다닙니다.
> 숨어도 찾아냅니다. 끈을 왜 잡아당겼을까 후회도
> 해보지요. 머릿속이 온통 불안에 대한 생각으로
> 가득차지요. 그러다 지쳐떨어진 내가 잠이 듭니다.
> 깨어나서 다시 끈을 잡아 당겼는데, 거기엔 작아진 '너',
> 불안이 있습니다. 하지만 작아졌을 뿐 나를 졸졸
> 따라다니는 건 여전합니다.

빠져나올 수 없는 불안의 딜레마를 이보다 더 잘 표현할 수 있을까. 도망치려 했지만 결국 도망칠 수 없었던 주인공 나는 불안을 벗 삼을 수 밖에 없다는 생각에 이른다. 두려울 때도 있지만, 고민도 나누고, 무서움도 나누면서. 불안을 내 마음의 한 모습으로 수용하는 과정을 조미자 작가는 벗삼음으로 승화시킨다.

불안을 받아들인다는 건 어떤 것일까? 힐러리 제이콥스 헨델의 『오늘 아침은 우울하지 않습니다』에서는 불안을 신호라고 정의한다. 우리에게는 두려움, 분노, 슬픔, 혐오감, 기쁨, 흥분과 같은 핵심적인 감정이 있는데, 이들 감정 중 부정적인 감정이 나타나면 동시에 그를 억제하고자 하는 감정이 나타나게 되고 이들 여러 감정들이 충돌할 때 불안이 나타난다고 한다. 또한 사람의 감정은 사랑하며 미워하는 것처럼 동시에 감정이 복합적으로 뒤섞이기도 하는데 이때도 불안은 예외 없이 등장하게 된다는 것이다. 즉, 불안은 『불안』 그림책의 주된 색채인 붉은 색처럼 우리 맘의 빨간 신호등과도 같다. 감정이 과잉된 상태라는 것을 알려주는 빨강 신호등이다.

불안 이면의 내 마음 알아차리기

힐러리 제이콥스는 불안의 이면에 자리 잡은 나의 감정을 인정해야 한다고 말한다. 불안은 가볍게는 가슴이 두근거리고 떨리는 정도지만 과해지면 숨이 가빠오고 열이 나고 온몸이 마비되는 등 견디기 힘든 신체적인 증상으로 나타나곤 한다. 그렇게 나 자신을 압도하는 불안을 직시하고 그 안에 숨겨진 진짜 내 감정을 직시하는 것, 그것이 불안과 '벗'삼는 첫 발자국이다.

모든 심리적 해결 방법의 첫 발자국은 바로 '알아차림'이다. 불안과 같은 드러난 감정의 이면에 있는 진짜 감정을 시인하는 과정은 사실 쉽지 않다. 이별을 했음에도 불구하고 여전히 누군가를 사랑한다는 것, 그래서 슬프다는 걸 인정하는 게 어디 쉬운 일인가. 하지만 막상 죽을 것처럼 옭죄어오는 불안 이면의 진짜 감정을 직시하면 한결 편해진다고 힐러리 제이콥스는 권한다. 마치 우리가 주사를 맞을 때 힘을 빼면 한결 덜 아픈 것처럼.

불안, 우리의 숙명

신영복 선생님의 『강의』를 읽다가 무릎을 탁 친 적이 있다. 주역 64괘의 마지막 괘인 '화수미제'^{火水未濟}에 대한 해석을 읽고서였다. 복잡한 주역 괘의 설명은 차치하고 여우가 강을 다 건널 즈음 꼬리를 적신다. 이로울 바가 없다는 뜻이다. 그 자체로 보면 좋을 게 없다는 말이다. 이제 강만 건너면 되는데 꼬리가 물에 빠져버렸다니, 우리 속담으로 다된 밥에 코 빠뜨리는 격이다.

그런데 신영복 선생님은 이게 바로 세상사라고 말씀하신다. 세상사의 '완성'이 어디 있느냐는 거다. 꼬리를 적시는 실수야말로 사람이 살아가는 일이라고. 실수를 하고 그래서 다시 시작하고, 이런 끝없는 미완성을 불교에서는 윤회輪廻라는 말로 대신한다.

본원적으로 불안은 바로 꼬리를 적실 수밖에 없는 세상을 살아가는 우리의 숙명이 아닌가 싶다. 우리의 마음대로 되는 것보다는 되지 않는 것이 더 많은 세상을 나의 존재라는 작은 배로 헤쳐 나가야 하는 처지에서 어떻게 삶이 불안하지 않을 수 있겠나. 마음대로 되지 않은 세상을 살아가며 희노애락을 겪게 되고, 그 감정에 휩쓸리려 하지 않다보니 방어기제로서 불안이 자라 커다란 괴물 새가 되어버린 것이다.

결국 불안과 함께 살아가는 것은 의지가지없는 존재의 불안정성을 인정하는 것에서부터 시작해야 한다. 존재의 불안정성에서 오는 여러 가지 감정을 외면하지 않고 그대로 나의 것으로 받아들이는 것이다. 그러기에 신영복 선생님의 해석이 존경스럽다. 64괘의 마지막 괘, 화수미제를 낭패가 아니라 삶의 당연한 모습으로 인정하고 받아들이며 다시 시작하는 가능성으로 풀어내셨으니. 끝이 아니라 시작이라는 말보다 더한 희망이 있을까.

두 번째 시선
불안을 다스리는 방법

장소현

　코로나 19가 확산되면서 불안감이나 우울감을 호소하는 사람들이 늘어나고 있다. 마스크를 쓰고, 손을 씻고, 거리두기를 하면서 안전에 대한 방역을 열심히 하지만, 이런 상황이 길어지면서 언제까지 지속될지 몰라, 마음을 달래기란 쉽지 않다.

　지난 연말, 한 해를 잘 마무리하기 위해서 나름대로 개인 방역에 신경을 쓰며 강의를 했다. 강의를 마친 그 주, 저녁에 전화가 왔다. 내가 수업을 나간 중학교 3학년 학생이 확진자 판정을 받았는데, 3일 전 학교에서 강의한 나와 동선이 겹친다는 연락이었다. 그러니 내일 아침 일찍 코로나 검사를 받고 결과를 받으면 알려달라는 이야기와 함께 지금부터 가정에서 '자가격리'에 들어가라는 전화였다.

　전화를 끊고 나서 멍한 상태가 되었다. 그리고 잠시 뒤에 나의 밑

바닥에서부터 요동치듯이 불안이 올라왔다. 내 온몸에서 피가 빠져나가듯이 힘이 쭉 빠지며 나를 통제할 수 없는 상황이 되었다. "마스크 어딨지, 빨리~빨리" 마스크를 집어 들며, 아이들에게 나와 떨어져 있으라고 흥분된 목소리로 말했다.

> **나 때문에 남편이 직장에 못 가게 되면 어쩌지,
> 고3 아들의 대학 면접이 코앞인데 면접에
> 못가면 이를 어쩌지!
> 중학교 강의 이후에 3곳의 학교강의가 있었는데,
> 이것을 어떻게 알려야 하지….**

보이지 않는 바이러스보다 더욱 두려운 것은 나로 인해서 다른 사람들이 피해를 볼까 하는 것이었다. 불안은 꼬리에 꼬리를 물고 나를 생각 속으로 빠져들게 하더니 몸이 신호를 보냈다. 다음 날, 검사를 받고 결과가 나오기까지 1박 2일 동안 미열이 나고 목이 아프고 온몸이 아픈 몸살 증상으로 시달렸다. 정신적인 문제가 몸의 이상으로 나타나는 '신체화' 증상이었다.

내가 이 불안과 씨름하는 동안 남편과 아이들이 나를 위로를 해주었다.

> **동선이 겹친 것이지, 그 아이와 접촉한 것이
> 아니니 걱정하지 않아도 돼
> 엄마 집안일도 걱정하지 마, 우리가 할게
> 엄마에게 휴식의 시간이 생긴 거니 일단 푹 쉬어**

가족들이 건넸던 위로의 말에 몸은 아팠지만 내 마음이 더는 요동치지 않았다. 일요일 저녁에 이상이 없다는 보건소 문자를 받은 후 이 불안과 신체화 증상은 감쪽같이 사라졌다.

불안이라는 감정은 누구에게나 존재하는 자연스러운 감정이지만, 그것이 내가 통제할 수 없는 상황과 공포감이 더해지면 감정의 주인인 나조차도 통제할 수 없는 상황이 되어 버린다.

특히, 내가 불안해하며 걱정했던 것은 나와 관계된 사람들의 건강과 안전이었다. 다행히 나는 가족의 염려와 위로가 있었기에 통제할 수 없이 올라오는 불안이라는 감정에 더는 휩쓸리지 않았다. 이 해프닝으로 인해 내가 불안을 극복할 수 있는 바탕에는 결국 관계에서 주고받는 위로가 중요함을 알게 되었다.

그림책 『불안』을 보면 아이도 처음에는 불안이라는 큰 새로부터 도망가기 급급했다. 그 아이의 모습이 자가격리에 들어간 나의 모습과 겹쳐진다. 하지만 도망치던 아이는 불안을 마주하기로 결심했다. 막상 마주하니 크고 무서운 새인 줄 알았던 불안이 작고 귀여운 새라는 걸 알게 되었다.

하지만 불안은 그냥 줄어 들진 않는다. 이 책에서처럼 시간이 필요하기도 하고, 나처럼 관계라는 또 다른 끈들이 필요할 수 있다. 나는 관계를 통해서 불안을 극복했는데, 내가 남편과 아이들을 걱정했던 마음, 내가 학생들의 건강을 염려했던 마음이 그 밑바닥에 있었다. 그리고 또 가족들이 나를 염려했던 위로의 말과 마음이 나의 불안을 다독여줬다. 이를 통해 우리의 불안한 마음이 관계를 통해 어떻게 치유받을 수 있는가를 알게 되었다.

작년 여름 학업중단을 고민하던 한 학생을 만났다. 아이는 공부욕

심이 많았고 그만큼 대학입학에 대한 부담이 컸다. 코로나가 길어지면서 학업을 제대로 하지 못해 스트레스가 심했다. 신체화 증상도 함께 나타났다. 잠도 제대로 자지 못했고 꿈을 꾸면 뭔가를 열심히 하는데, 어려운 상황들이 반복되고 있어서 잠에서 깨어나도 한참 동안 정신을 차리기 힘들었다고 한다. 이제는 속도 울렁거리고 구토까지 하는 상황이 되어 상담을 하게 됐다.

> 차라리 자퇴하면 행복할 것 같아요.
> 왜 그런 생각을 하니?
> 들쑥날쑥한 학교일정에 못 견디겠어요.

정상화되지 않는 학교생활이 무의미하게 느껴지고 스트레스로 연결되어 힘들다는 호소였다. 차라리 홀가분하게 자퇴를 하고 수능을 준비하고 싶다고 했다. 그 학생은 결국 자퇴를 했다. 학교의 만류도 있었지만, 학생의 결정에 부모님은 전적으로 지지를 해주셨다.

우리는 자기 내면의 불안과 친구가 되는 것도 필요하지만, 아이들에겐 요동치는 불안의 파고에 함께 손잡고 넘어가 줄 양육자의 공감이 중요하다. 내가 불안했을 때 내가 가족을 걱정하고 그런 나를 지지해준 가족이 있어 내 불안이 감소 된 것처럼 그 학생도 가족들의 지지를 버팀목 삼아 자기의 길을 잘 찾아 나가리라 믿어본다.

내 안의 불안을 잘 다스리지 못하는 아이들이 보내는 도움의 신호들이 있다. 주변의 도움이나 대화를 거부하는 태도, 반항, 공격성, 이유 없는 통증, 집중곤란 및 학습의 어려움으로 스트레스 반응이 나타난다. 자녀가 걱정을 많이 한다면 지금의 여기를 건강하고 안정감 있게 살아갈 수 있도록 이야기를 들어주자.

'너와 더 많은 이야기를 나누다 보면 어쩌면 우린, 좋은 친구가 될 수 있을지 몰라', 책 속의 문구처럼 불안과 두려움은 우리를 위태롭게 하는 적이 아니라 함께 살아나가야 할 동력이자 친구임을 알려주자.

상담을 할 때 나는 자기 마음을 스스로 달래는 호흡법을 알려준다.

사랑명상으로 불안을 달래기

1. 바르게 앉아서 자기 속도에 맞게 숨을 조절합니다.

2. 코로 공기를 들이마시고 입으로 내보냅니다.
3. 어깨와 가슴에서 힘을 뺍니다.
4. 편하게 자신의 숨을 느낍니다.
5. 숨이 들어올 때 '사랑이 가득하길 바랍니다'.
   '나는 나를 사랑합니다.'라고 속으로 이야기합니다.
6. 우리 안에 있는 아픈 마음을 느껴 줍니다.
7. 우리 안의 아픔을 사랑의 눈으로 바라봅니다.
8. 나의 아픔을 두 손으로 안고 사랑의 말을 해줍니다.
9. 숨을 들이마시면서 내 이름을 부르고 내쉬면서
   사랑의 말을 전해 줍니다.

[예시]
세연아 지금 이대로 괜찮아~
준호야 그렇게 존재하는 것만으로도 고마워
은수야 너는 귀한 존재야

10. 나의 마음이 편안해지는 것을 느껴보세요.
11. 천천히 숨을 들이마시고 천천히 내쉽니다.
12. 마지막으로 두 손을 비비고 머리부터 발끝까지
    쓸어내립니다.

세 번째 시선

불안은 프리다

이혜선

> 어제 계단 위에서 거기에 없는 사람을 만났다
> 그는 오늘도 거기에 없었다
> 제발, 가버렸으면 좋겠다…
> 어젯밤 세시에 집에 돌아왔을 때
> 그는 거기에서 날 기다리고 있었다
> 그러나 내가 홀을 둘러 봤을 때 아무도 없었다
> 가버려, 사라져, 더 이상 나타나지 마!
> 사라져버려, 떠나벼려, 그리고 제발 문을 세게 닫지 마…
> (쾅!)"

- 윌리엄 휴즈 먼스의 '안티고니시(Antigonish)' -

읽기만 해도 불안한 이 시는 다중인격을 소재로 한 영화 <아이덴티티>에서 일부 인용되었다. 모든 것이 막막하고 불확실 할 때 인간은 불안하다. 우리는 불안한 사회에 살아가고 있다. 코로나19로 인한 개인과 사회는 불안에 잠식된 것 같고, 엄습하는 불안에 모두는 흔들린다. "하나의 불안을 또 다른 불안으로 바꿔가는 과정"이라고 말한 알랭 드 보통의 말처럼 불안은 특별한 것이 아니라 모든 평범한 삶의 조건이 되어 버렸다.

이러한 불안의 시대 속에서 『불안』이라는 그림책을 접한다. 『불안』이라는 제목만 없다면 노랑, 빨강, 파랑 원색의 색감이 강렬하고 조합이 좋다. 그러나 제목으로 느낌이 달라진다. 순간순간 불안하고 부정적 감정이 스멀스멀 올라오는데 이 책을 읽고 더 불안해지는 것은 아닐까? 괜히 불안해진다. 다양한 감정 중 불안은 편안한 감정이 아니다. 걱정이나 근심을 넘어 신체적 증상까지 나타나는 질환이 될 수도 있다. 그런데 '사랑, 행복, 기쁨...과 함께. 불안도 내 안의 감정'이라는 말이 적힌 면지는 제목이 주는 『불안』과 달리 친절하다.

이 책의 조미자 작가는 "미술 선생을 해본 적은 한 번도 없고, 미술 선생이 된다는 생각도 없었다. 나는 언제나 배우는 사람이었다."라고 한다. 그 끝없는 배움의 여정에서 탄생한 책이 『불안』이다. '마음을 보여주는 그림책'이란 테마 중 한 권인 이 책은 눈에 보이지 않는 불안한 마음을 그림언어로 표현하고 있다.

 아이는 초록색 상의에 노랑과 진한 파랑의 바지, 그리고 빨간 양말을 신고 팔짱을 끼고서 커다란 빨간 구멍을 바라본다. 구멍에는 여러 가지 색깔들이 흩어져있고 굵은 파란색 실이 눈에 들어온다. 아이의 옷은 어린 시절에 즐겨 입었던 원색의 옷 디자인을 떠올리게 한다. 그래서일까 아이가 남같지 않다. 그런데 커다란 빨간 구멍을 바라보는 아이 머리카락은 잔뜩 솟아있고 표정이 심각하다. '불안'을 마주하려니 어디 그리 만만하겠는가. 불끈! 용기를 낸 아이, 끈을 잡아당긴다. 그러자 그 빨간 구멍에서 커다란 새가 튀어나왔다.

 처음 일본에 여행 갔을 때, 도심 복판에 가득한 까마귀를 보고 너무 놀랐던 경험이 떠올랐다. 우리나라 정서상 좋아할 수도 없는 새였지만, 닭보다 더 큰 까마귀들이 무리를 지어 다니는 모습이 기괴했다. 그림책에 등장하는 새도 까마귀 못지 않게 크고 낯설고 두려운 모습으로 다가왔다. 그런데 그 새의 다리를 묶고 있는 실을 아이가 쥐고 있다.

 아주, 아주 무섭고 커다란 새와 이리저리 뛰어다니며 힘들어 하는 아이의 표정을 바라보다 문득 프리다 칼로가 떠올랐다. 그녀의 그림은 아름답기보다 많이 불편하다. 드러나 보이는 심장과 뚝뚝 떨어지는 피를 직시하기가 쉽지 않다. 결코 평범하지 않은 삶, 그래서 평생의 불안을 예술로 승화시킨 프리다 칼로는 1907년 멕시코로 이민 온 유태계 독일 출신 사진 작가인 아버지와 원주민 혈통의 어머니 사이에서 태어났다. 프리다(Frida)는 평화를 뜻하는 독일어 Friede에 어원을 가진다.

6살 때 소아마비로 왼쪽 다리에 장애를 갖게 되었고 16살에는 끔찍한 교통사고로 척추가 부서졌다. 퍼즐조각처럼 몸의 뼈를 맞추어야 할 정도의 엄청난 사고, 무려 32번의 수술을 감당해야 했다. 하지만 침대에 누워서도 그녀는 그림을 그렸다. 그녀가 경험한 절망과 두려움의 불안한 감정을 고스란히 그림을 통해 표출했다.

그녀의 작품 '두 명의 프리다'는 흰색 드레스를 입은 프리다가 벤치에 앉아 멕시코 전통 옷 테우아나를 입은 프리다의 손을 잡고 있다. 두 명의 프리다 모두 심장이 그대로 노출됐지만 형태는 다르다. 왼쪽 심장은 병들었지만 오른쪽 심장은 건강하다. 수많은 고통과 시련 속에서도 프리다는 그림을 그리고 공부를 했다.

결국, 우리는 생각한 것보다 더 많은 것을 견딜 수 있다.

- 프리다 칼로 -

점차 불안과 화해하게 된 아이, 드디어 이야기를 나눌 수 있게 되었다. 불안과 함께 고민하고 불안한 기분도 나누게 된다. 아이의 표정이 많이 편안하다. 아주 오래전부터 그랬던 것처럼 불안과 친구가 되었다. 그림책을 펼치기 전 느꼈던 불안은 이미 사라졌다.

프리다는 "내가 되고 싶은 여자가 될 수 있었으면 좋겠다. 나는 결코 꿈을 그리는 것이 아니다. 난 나의 현실을 그린다. 나는 너무나 자주 혼자이기에, 또 내가 가장 잘 아는 주제이기에 나를 그린다."

**괜찮니?
응, 괜찮아!**

그림책 마지막 페이지, 아이와 불안이 나누는 대화, 그건 프리다 칼로가 그린 '두 명의 프리다'의 또 다른 버전이 아닐까 싶다. 프리다는 상상 속의 분신과 결코 헤어지지 않았다. 나는 '프리다'가 '자유다(free)'로 읽혀졌다. 불안을 느끼는 것도 불안과 함께 살아가는 것도 결국 나의 선택이다. 그래서 불안은 나의 자유다. 불안은 프리(free)다!

Frida kahlo, *The Two Fridas*, 1939

7

『적당한 거리』 전소영 (지은이), 달그림

그림책을 바라보는 세 가지 시선

첫 번째 시선
싱그럽게 피어나는 관계를 위한 뒷걸음질
- 당신의 사랑는 어떤신가요?

이정희

『적당한 거리』는 그림 에세이 『연남천 풀다발』을 쓰고 그린 전소영 작가의 그림책이다. '늘 자연과 가까이 지내며 사소한 것, 생명이 있는 것, 아름다운 것들의 소중함을 글과 그림으로 담고 싶다'는 작가의 생각은 『연남천 풀다발』에 이어 『적당한 거리』에서도 이어진다.

연남천에서 사계절 피어나고 지는 풀다발들의 이야기를 보며 우리의 생각이 풀을 떠나 사람 살아가는 일에 이르듯 마찬가지로 『적당한 거리』 속 식물과 그 식물을 향하는 사람의 손길을 보는 우리의 마음은 책의 결론처럼 역시나 우리에게로 향하게 된다.

네 화분들은 어쩜 그리 싱그러워?
적당해서 그래

사랑의 시작

『적당한 거리』는 식물을 키우는 이야기이다. 싱그럽게 식물을 키워내기 위한 조건을 적당함이라고 그림책은 정의한다.

백묘국, 율마, 로즈마리, 해마리아, 알로카시아 등 서로 다른 이름처럼 식물들은 서로 다른 생장의 조건을 가진다. 물을 주는 것도 제각각이다. 만약 관심이 지나쳐 물이 넘치면 뿌리가 물러지고, 마음이 멀어지면 말라버리고 만단다. 가끔은 가지도 잘라주고 햇빛과 바람을 적절히 공급해 주어야 한단다. 철 따라 자리도 옮겨주고, 때맞춰 거름도 주어야 한다는데.

책장을 넘기며 식물 키우는 걸 읽는데 벌써 가슴이 묵직해진다. 식물 하나 키우는데 이리 공이 필요한데 하물며 사람은 오죽할까 라는 생각에 절로 이르게 된다. 그래서 전소영 작가는 식물들이 가진 다름을 알아봐 주고 그에 맞는 적당한 손길을 주는 것을 사랑의 시작이라고 말한다.

사랑하면 알게 되고 알면 보이나니

『나의 문화유산 답사기』를 통해 우리의 관심 밖으로 멀어졌던 우리의 문화유산에 대한 사랑을 불러일으킨 유홍준 교수의 말씀이다. 밟고 지나쳤던 불국사의 돌층계 하나도 거기에 얽힌 사연을 읽고 보면 달라보였다. 『나의 문화유산 답사기』를 읽다보면 그저 돌탑 하나, 그저 도자기 하나가 없다. 『적당한 거리』에서 서로 다른 식물들을 돌보는 사랑의 마음은 유홍준 교수가 말한 '사랑하면 알게 되고 알면 보이나니'와 통한다.

그런데 우리가 사는 세상에서 사랑은 서로 다른 두 개의 원이 하나로 겹쳐지듯 서로 다른 두 사람이 하나가 되는 것이 아니던가? 결혼식 주례에서도 나오지 않는가. 이제 하나가 된 두 사람은 이라고. 그런데 그 하나가 문제다. 하나여야 한다는 사랑의 이데올로기로 인해 트러블이 발생한다. 왜 내가 너를 사랑하는데, 너와 내가 사랑하는데 다르냐고 물음표들이 난무한다.

심리학이 학문으로 정립된 지 100여 년, 프로이트 이래 많은 학자가 인간 심리에 대한 다양한 분석과 해결 방법을 제시해왔지만, 그 심리적 문제의 중심에 있는 건 결국 내 맘대로 되지 않는 세상, 내 뜻대로 되지 않은 관계가 아니었을까? 그런데 『적당한 거리』는 그렇게 오래도록 우리를 괴롭혀왔던 문제에 대해 발상의 전환을 요구한다.

애초에 다르다구. 한 집안에서 키우는 식물들이 저마다 다른데, 열 사람이면 열 사람의 세계가, 백 사람에게는 백 사람의 세계가 있을 것이다. 애초에 다르니 당연히 관계가 내 맘대로 될 리가 없고, 세상 일이 내 뜻대로 풀어지지 않는 게 당연지사다.

그런데 그 다름이 겹쳐져 있을 때는 보이지 않는다. 너와 내가 하나라고 생각하는데 어떻게 너가 내가 아니고 다르다는 걸 알 수 있겠는가. 적당한 거리는 바로 그 다름이 보일 때 까지 물러섬이다. 그 다름을 보기 위해서 한 발자국 한 발자국 물러서는 거리가 필요하다고 말한다. 사랑하기 위해 다가서고 함께 하고 원이 겹쳐지듯 하나가 되어야 한다고 하는 것과 정 반대의 해법을 제시한다.

**함께 있되 거리를 두라. 그래서 하늘 바람이
너희 사이에서 춤추게 하라.**

- 칼릴 지브란, <지금 알고 있는 걸 그때도 알았더라면> 중에서 -

사랑은 '거리'이다

102세를 맞이하신 철학자 김형석 교수님의 해법도 『적당한 거리』가 말하고자 하는 것과 크게 다르지 않다. 100년을 넘게 사셨으니 하실 말씀도 많으실 듯 한데 외려 노철학자의 당부는 명쾌하다.

누군가를 사랑할 때 첫 번째 조건은 바로 그 사람의 자유를 소중히 여기는 것이라는 것이다. 특히 아이들에게 스스로의 삶을 살아갈 선택의 자유를 주라고 하신다. 그러면 자기 삶을 헤쳐 갈 마음의 근육이 생겨난다고. 노철학자의 자유는 적당한 거리의 다른 표현이 아닐까.

그런데 사랑하는 이의 세계를 존중하고 적당한 거리를 유지하는 것, 곧 그의 자유를 존중하는 게 참 어렵다. 아이의 손을 잡고 걸어본 사람이라면 공감할 것이다. 아이의 걸음은 어른의 행보와 다르다. 보폭도 다른데다 아이의 눈에 세상은 어찌 그리 볼 것이 많은지 종종 걸음을 멈춰 선다.

어릴 때면 번쩍 들어 안고 걸음을 재촉할 수라도 있지, 제법 자라

이제 마음의 손을 잡고 가는 여정은 난감하다. 먼저 살아봤다고 갈 길이 뻔히 보이는데 아이는 갈 짓 자를 한다. 어서 빨리 가야 하는데, 고지가 저긴데. 내 마음은 벌써 저곳에 가있으니 답답하기 이를 데 없다. 그래서 아이를 키우는 과정은 사랑이라는 이름으로 달려가는 내 마음과 싸우는 과정이 돼버리고 만다. 시쳇말로 '속터진다.'

어디 아이를 키우는 것뿐일까. 세상의 모든 사랑이 늘 적당한 거리가 얼마 만큼인지 몰라 헤매는 자기 자신과의 싸움일지도 모르겠다. 음식의 간이라면 맛이라도 보며 적당함을 찾기라도 하지. 작가 소개가 나오고 책이 끝났나 싶은데 다시 한 장을 넘기면 '나의 무지와 무심함으로 말라간 식물들에게'라고 덧붙여진 에필로그가 읽는 이의 마음을 서늘하게 한다. 사랑을 하며 살아가고 싶지만 이 에필로그처럼 우리가 살아가는 과정은 '사랑으로 인한 시행착오'의 연속일지도 모르겠다는 뒤늦은 깨달음 때문이다.

그런데 기꺼이 너를 알기 위해 한 발자국 물러서는 거, 그거 사랑하니까 하는 일이다. 내 무지와 무심함으로 사랑을 말라죽게 하고 싶지 않아 한 발자국 물러서는 용기를 내는 것이다. 저마다 다른 식물들을 그 다름을 살펴보며 키우듯 서두르지 않고 예단하지 않고 기다려 주는 것, 그 속 터지는 일을 사랑하니까 하는 거다.

　너와 내가 다르다는 걸 받아들이는 거. 너의 세계를 이해하고 바라봐 주는 거 마치 너에게 방점이 찍히는 거 같지만, 결국 그건 내 사랑이다. 잘 자란 화분의 식물들처럼 싱그럽게 피어나는 관계를 위해 기꺼이 한 발자국 물러서는 적당함, 당신의 사랑은 어떤신가요?

두 번째 시선
서로 이해할 수 있을 만큼의 거리

장소현

 어릴 적, 우리 반에는 책상에 금 긋기가 한참 유행을 했었다. 한 달에 한 번씩 짝을 바꿀 때마다 책상 위에는 어김없이 연필로 금이 그어졌다. 그때만 해도 2인용 책상이었던 시절이라 책상에 금을 그어놓고 옆 짝과 티격태격한 기억이 난다. "이 선 넘어오면 다 내 거야~" 하고 넘어오지 않게 경고를 했고 짝꿍의 물건이나 팔이 내 자리로 넘어오면 팔꿈치로 툭툭 치면서 조심하라고 알렸다. 반대로 내가 넘어가게 되면 금을 넘은 만큼 지우개를 잘라 넘겨주기도 했었다.

 어느 정도 시간이 지나고 짝꿍과 사이가 좋아지면 그 선은 자연스럽게 잊혀졌다. 우리는 화해의 행동으로 그 선을 지우개로 박박 지우며 서로를 향해 앞으로 잘 지내자는 말을 전했다. 우리의 사이를 안전한 관계로 인정하는 우리식의 평화 협정이었다. 그러나 매번 평화 협정이 이루어진 것은 아녔다. 한번은 우리 반에서 장난이 심했던 친구와 짝이 되었고 사소하게 말싸움이 자주 오갔다. 우리는 결국 금위에다 다시 빨간색 색연필로 진하게 덧칠을 해버렸다.

금을 긋는다는 것은 경계선을 정해 놓는 것으로 나와 다른 사람의 공간을 명확히 구분하는 것이다. 그 어린 마음에도 금을 그어 내 영역을 지키고, '너에게만큼은 내 마음을 내어주지 않을 거야.' 하는 상징적인 행동을 한 것이다. 나라는 자아가 생기면서 나의 영역과 타인을 분리할 줄 알게 되고 타인과의 거리에 대해서 조금씩 알아가던 시절이었다.

이처럼 일상생활에서 우리는 다양한 경계선을 경험한다. 도로에서는 횡단보도와 중앙선으로 사람과 차의 공간을 안전하게 지킨다. 나라와 나라 사이에도 국경선이 있듯이 사람과 사람 사이에도 눈에는 보이지 않는 경계가 존재한다. 나라의 경계선을 함부로 넘으면 전쟁이 일어나기도 하고, 경계로 나뉜 영역을 함부로 넘으면 사고가 나거나 갈등이 빚어지거나 싸움이 일어나기도 한다. 그런 면에서 보면 우리 사회의 많은 '금'들이 너와 나를 나누는 것이 아니라, 서로의 안정적인 공간을 확보하기 위한 약속들인 것이다.

그럼, 사람 사이에는 어디까지가 적당한 거리일까? 코로나로 인해서 사회적 거리 두기를 했는데 2m가 적정한 거리일까? 전염병도 아니고 정답이 없다. 사람마다 자기를 지키고자 하는 관계의 거리는 다르기 때문이다.

때로는 그 거리가 너무 가까워, 때로는 너무 멀어 서로가 상처를 받는다. 인간관계의 안전한 거리를 떠올리면 생각나는 그림책이 있다. 전소영 작가의 그림책 『적당한 거리』이다. 작가는 화초를 키우는 노하우와 식물의 특성을 가지고 사람 사이의 거리를 풀어낸다.

식물들도 성격이 모두 다르다. 어떤 식물은 물을 좋아하고, 어떤 식물은 물이 적어야 잘산다. 음지에서 잘 자라는 식물이 있는가 하면 일광욕을 즐기는 식물이 있다. 좋아하는 햇빛의 양도 다르다. 서로 다른 식물에 적당한 조치를 취해 줘야 하듯 사람들이 가진 다름을 인정하고 그에 맞는 인정과 손길을 주는 것이 필요하다고 『적당한 거리』는 이야기하고 있다.

식물도 관심이 지나쳐 물이 넘치면 뿌리가 물러지고 무심함으로 내버려 두면 어느새 말라 버리듯이 우리의 인간관계도 그렇다. 어떤

이는 상대에 대한 관심이 너무 지나쳐 부담감을 주고 어떤 이는 그 반대여서 외로움을 느끼게 한다. 지나치게 다가가지도, 너무 멀어지지도 않게 거리를 조율하는 과정들이 있어야 하는 데 쉽지 않다.

그럼 적당한 거리를 위해 무엇이 필요할까? 우선 서로를 인정하고 존중해야 하지 않을까? 그러기 위해서는 상대에게 동의와 허락을 구하는 과정이 우선되어야 한다. 상대방이 NO!라고 할 때 기꺼이 이를 인정해주는 관계가 되었을 때 우리는 적당한 거리가 생기면서 각자의 안정적인 공간을 만들어 갈 수 있다.

일상에서 반드시 지켜져야 하는 동의의 과정은 특히 가족 안에서 생략이 되는 경우가 많다. 상담실을 찾았던 P는 자녀와의 거리로 심한 갈등을 겪고 있었다. P에게는 6학년이 된 딸이 있었다. 엄마가 외식하자고 해도 거절하고, 유행하는 비싼 옷을 사준다고 해도 거부했다. P는 딸이 자신에게 지나치게 거리를 두는 것을 섭섭해 했다. P는 늦은 나이에 결혼해서 얻는 하나밖에 없는 딸이기에 애착이 강했다. P에겐 딸은 아직도 어린애였다. 자녀에 대한 사랑과 관심이 지나친 간섭으로 이어져서 딸과의 관계가 단절되는 결과를 낳았다.

같은 반인데도 남학생들과 단톡방에서 이야기를 나누는 것을 엄마는 이해할 수 없었다. 그래서 휴대전화를 딸의 동의도 없이 가져와서 확인을 했다. 그리고 사춘기가 된 딸이 싫어하는데도 벌컥벌컥 문을 열고 딸의 공간에 들어갔다. 거기에서 그치지 않고 엄마는 주변 엄마들에게 딸이 다니는 동선을 캐기 시작하면서 딸과의 관계는 더욱 극단적으로 될 수밖에 없었다. 엄마를 이해할 수 없는 아이는 엄마와 대화를 거부하고 엄마와 함께 하는 모든 것들을 거절했다.

성장하는 자녀에게 적당한 거리를 두는 것은 아이의 신체적, 심리적 경계를 인정하는 것이다. 부모의 소유물이 아닌 독립적인 존재로 인정하는 것이다. 한참 자신만의 정체성을 확립하려 애쓰는 시기, 사춘기 자녀와의 적당한 거리를 형성하지 못하면 P의 사례처럼 자녀와의 단절을 낳을 수도 있다.

아무리 부모가 사랑을 다 해서 키워도 아이는 성장하며 스스로 독립하고자 한다. 이를 심리학적 용어로 '자기 분화'라고 한다. 자기 분화를 한다는 것은 자녀가 부모의 영향력에서 독립해서 살아가는 연습을 하는 것이다. 아이들이 부모에게 보내는 거절의 시그널은 부모를 무시하는 것이 아니라, 제 생각과 의견을 건강하게 표현하는 방식이라는 것을 기억하자. 그래서 부모와 자녀 사이의 적당한 거리는 자녀를 성숙하게 만드는 과정이다.

나무와 나무 사이

나무와 나무 사이엔
적당한 거리가 필요합니다.
(중략)

사람도 마찬가지입니다.
적당한 거리가 필요합니다.

서로 그리워할 만큼의 거리.
서로 이해할 수 있을 만큼의 거리,
서로 소유하지 않고
자유를 줄 수 있는 거리,
(중략)

- 김현대 <내 마음 들었다 놨다> 중에서 -

세 번째 시선
적당한 거리 두기

이혜선

　미국의 문화인류학자인 에드워드 홀의 저서 『침묵의 언어』에는 '공간의 언어'라는 표현이 있다. 현대사회는 거주하는 집이 대표적인 영토이며 직장에서는 자신의 자리나 방이 영토라고 에드워드 홀은 말한다. 여기서 침묵의 언어란 말로 드러나는 언어가 아니다. 무언의 행동이나 거리 두기로 소통하는 공간언어이다.

　코로나19로 팬데믹이 시작되면서 거리 두기와 많이 익숙해졌지만, 여전히 쉽지 않다. 나는, 혼자라도 혼자여서 편안하다고 생각하는 편이었다. 하지만 막상 강제로 혼자 있게 되니 답답했다. 사람들과 부대끼는 평범한 일상이 그리워질 즈음 『적당한 거리』를 만났다.

　너무 멀지도 않게 너무 가깝지도 않게 하라는 뜻인 '불가근불가원 不可近不可遠'을 떠올리게 하는 이 책을 서울 국제도서전에서 처음 만났다. 내가 좋아하는 싱그러운 초록으로 가득한 표지가 시선을 끌었다. 판형도, 제본 방식도 특별했다. 하지만 이미 구입한 책이 많아서 머뭇거리다가 결국, 『적당한 거리』와의 '거리 두기'를 하지 못했다.

산세베리아 화분과 산세베리아를 입은 여자의 뒷모습 사이에 적당한 거리라고 쓴 글씨체마저도 깔끔하고 싱그럽다. 너무 좋아서 가슴에 끌어안고 눈을 감고 책이 내게로 온 기쁨을 만끽했다. 내 머뭇거림의 시간이 책을 더 반갑게 맞이하기 위한 시간적인 적당한 거리였을까? 어렵게 만난 책이라 그저 반갑다.

이 책은 홍제천 들풀에서 배운 삶을 담담하게 그려낸 전소영 작가가 식물을 매개로 관계론의 이야기를 풀어놓은 책이다. 맑고 깨끗한 수채화로 그려진 풍성한 초록 스펙트럼의 식물과 만지면 부서질 듯 흙의 질감이 고스란히 전해져 온다. 동양화처럼 여백이 주는 여유가 글밥의 깊이를 더한다.

작가가 직접 키우고 있는 식물에 대해 누군가 질문을 던진다. "당신의 화분은 어쩜 그리 싱그럽나요?" 적당한 햇빛, 적당한 물, 적당한 흙, 적당한 거리가 필요하다고 대답한다.

식물을 보살핀다는 건 시간과 관심이 많이 필요한 작업이다. 또한 애지중지하는 마음이 앞서 너무 많은 물과, 햇빛이 외려 그들을 '고사'시킬 수 있기에, 그들 각자에 대한 존중이 필요하다. 전소영 작가가 말하는 적당한 거리란 바로 그 존중감이다. 앞서 에드워드 홀의 침묵의 언어와도 통한다. 타인의 공간, 영역에 대한 존중감은 곧 그 존재에 대한 배려이다. 그림책은 식물을 키우는 비법을 전수하는 것 같지만, 결국 우리의 이야기이다.

코로나 기간에 사람들은 생각보다 오래 격리되었다. 사람들로 가득했던 도시는 한산해졌고, 거리 두기가 장기화함에 따라 고립, 외로움, 우울감이 코로나 블루라는 병명이 되기도 했다. 그런데 각자의 공간에 머물며 타인과의 접촉을 자제하게 되자 사람들은 돌파구를 모색했다. 특히 개인적 취미생활이 활발해 졌다. 그 중에는 삭막한 도시 고립된 환경의 답답함을 식물을 키우는 가드닝을 통해 여유를 찾아가는 사람들도 있었다.

꼭 코로나여서만은 아니다. 세 집 중 한 집이 1인 가구인 시대이다. 홀로 사는 것이 특별하지 않은 세상, 사람들은 자신만의 영토에서 '침묵의 언어'를 지키며 살아가고 있다. 그러기에 더더욱 그 침묵의 계율을 존중해주는 적당한 거리가 절실한 시절이기도 하다. 식물을 벗 삼아 충분히 홀로 살아갈 수 있는 삶, 일찍이 이런 현대인의 모습을 예견한 에드워드 호퍼가 떠오른다.

에드워드 호퍼는 미국인이 가장 사랑하는 작가이다. 현대인의 고립과 외로움을 그리면서 평생 도시인 뉴욕에서 살았다. 3차례에 걸친 유럽 여행에도 불구하고 당시 유행하던 작품에 영향을 받지 않고 자신만의 예술세계를 추구했다. 호퍼는 미국을 다섯 번이나 횡단하면서 바라본 호텔, 휴게소, 주유소, 도로, 식당, 기차 안의 풍경을 화폭에 담았다. 호퍼 자신도 여행을 하는 시간 외에는 세상과 거리 두기를 하며 그림 그리고 책이나 영화를 보며 살았다고 한다.

그의 작품 'Chair Car'는 오늘날 우리가 살아가는 세상을 상징적으로 담은 것처럼 보인다. 초록색 의자에 무심히 앉아 있는 사람들. 그들은 말 그대로 '적당한 거리'를 두고 앉아있다. 기차가 달리는 정면을 바라보고 있는데, 초록색 원피스를 입은 여성의 방향은 다르다. 같은 공간, 다른 시선, 사람들 사이의 거리감이 그대로 드러난다.

호퍼는 색보다는 빛에 관심이 많았다. 빛을 통해 자신이 보여 주고 싶은 것을 전달하고자 했다. 햇살이 비추는 데도 그림 속 풍경은 쓸쓸하다. 빛은 그림자나 인물들의 표정과 대비된다. 마치 세상을 살아가되, '거리'를 두며 자신의 영역을 지키는 사람들을 햇살 속 쓸쓸함으로 표현하고 있는 듯하다.

보색으로 대비된 이 그림은 관계 속에서 상처받는 대신 반려식물과 대화하며 SNS 등을 통해 적당히 소통하며 살아가는 우리의 자화상 같다. 화가 호퍼는 당시 유행하던 예술적 조류나 트렌드와 적당한 거리를 두었기에 자신의 언어인 그림으로 세상과 소통할 수 있었다. 우리 자신을 찾아가는 세상과의 적당한 거리는 얼마 만큼일까? 코로나로 인해 본의 아니게 세상과 '거리'를 두어야 하는 시간, 저마다 자신과 세상 사이의 '적당한 거리'를 모색하는 시간이 될 수 있기를.

Edward Hopper, *Chair Car*, 1965

8

『아름다운 실수』 코리나 루켄 (지은이), 김세실 (옮긴이)
나는별

그림책을 바라보는 세 가지 시선

첫 번째 시선
괜찮아 괜찮아, 다시 시작할 수 있어

이정희

어릴 적 장래희망이 디자이너였다. 그때만 해도 파는 연습장이 없어서 엄마가 갱지라고 하는 누런 시험지를 묶어서 연습장을 만들어 주셨었다. 꽤 오랫동안 갱지 연습장에 갖가지 옷을 입은 여자 사람들을 그렸었다. 주변 사람들도 당연히 내가 자라서 디자이너나 그게 아니라도 그림을 그리는 사람이 될 거라고 생각했었다.

그런데 학교에 가서 진짜 그림을 그리고 보니 내 생각처럼 되지 않았다. 그럴듯하게 밑그림은 그렸는데 수채화 물감은 어찌나 번지던지, 내 붓질은 왜 언제나 그어놓은 선을 불쑥 넘어가는 건지. 그림이랑 나는 인연이 없구나, 장래 희망을 포기했다. 덕분에 옷감을 재단했을지도 모를 손으로 자판을 두드리고 있다.

시작은 이러했어요

> (사람 얼굴을 그리는데)
> 앗, 실수, 그만 한쪽 눈을
> 크게 그리고 말았어요.
> (다시 고쳐보려고 했는데, 앗, 또 실수)
> 이번에는 다른 쪽 눈을
> 더 크게 그리는 실수를 했네요.

코리나 루켄 작가의 『아름다운 실수』는 이렇게 시작된다. 작가는 다르게 그려진 사람 얼굴에 안경을 씌운다. 짝짝이인 양쪽 눈이 안경 덕분에 두드러져 보이지 않는다. 그런데 이번에는 팔꿈치는 뾰족하고 목은 너무 길게 그려졌다. 그러자 나풀나풀 레이스와 쪼글쪼글 주름을 더한다. 기형적이던 모습이 모딜리아니의 여인처럼 독특하게 느껴진다.

> 와~ 괜찮은데요!

『아름다운 실수』는 이렇게 실수 연발인 작가의 그림이 한 편의 아름다운 그림책으로 재탄생되는 과정을 보여준다. 겉표지를 열면 툭

하고 한 방울 떨어진 잉크 자국이 보인다. 작가는 이렇게 본의 아니게 떨어진 잉크 한 방울처럼 자신이 겪었던 실수 과정에서 이 책의 아이디어를 얻었다고 한다.

모딜리아니 그림을 닮은 아이는 신이 나서 노란 풍선을 들고 친구들에게 달려간다. 노란 풍선들이 마치 실수에 대한 훈장같다. 이어진 '아름답고 환상적인 풍경', 실수를 포기하지 않은 작가에게 고마움이 느껴질 정도다.

실수, 우리의 존재론적 조건

'다 된 밥에 코 빠뜨린다', '원숭이도 나무에서 떨어진다', '약빠른 고양이가 밤눈 어둡다', '홍시 먹다 이 빠진다' 등등 인터넷에 쳐보면 수십 가지 실수 속담들이 검색된다. 동물, 음식 우리 삶의 모든 것을 끌어들여 실수를 경고한다.

어디 속담뿐인가. 사자성어도 많고, 명언도 많다. 말하고자 하는 바도 제각각이에요. '돌다리도 두르려 보고 건너라'처럼 실수를 하지 않도록 독려하는가 하면, '경험이란 사람들이 자신들의 실수에 붙이는 이름이다'라는 오스카 와일드의 말처럼 실수, 자체를 우리 인생의 과정 자체로 해석하기도 합니다.

고전 중의 고전인 그리스 로마 신화는 어떨까? 무수한 신과 인간들이 저지른 실수의 역사가 아닐까 싶다. 스핑크스조차 이긴 지혜로운 오이디푸스지만 그만 자신의 감정을 주체하지 못하고 친부를 죽이는 돌이킬 수 없는 실수를 저지른다.

오르페우스는 사랑의 힘으로 지옥을 마다하지 않았지만 그가 구해낸 아내는 실수로 인해 끝내 지옥의 문턱을 넘지 못한다. 오늘날까지도 그리스 로마 신화가 대중적으로 회자되는 이유가 어쩌면 인간적인 너무도 인간적인, 실수담들의 서사성 때문이 아닐까.

속담에서부터 신화까지 돌아보니 실수는 인간의 존재론적 조건이 아닐까란 생각에 이르게 된다. 하지만 존재론적 조건임에도 우리는 늘 그 실수로 인해 힘들어 하며 살아간다. 나처럼 장래 희망을 포기하는 식이다. 코리나 루이켄의 『아름다운 실수』는 바로 우리의 존재론적인 '조건'인 실수에 대해 '괜찮아, 괜찮아'하며 등을 두드려주는 거 같다.

현대로 올수록 심리학은 자아의 의지를 강조하는 방향으로 발전한다. 나치의 포로수용소와 같은 극단적인 외부의 상황조차도 극복할 수 있는 자신의 의지가 중요하다는 마틴 셀리그만이나, 선행한 사건 자체보다 그걸 해석하는 주체의 의지가 사건의 결과를 달리 보게 만든다는 앨리스의 합리적 정서행동 치료(Rational Emotive Behavior Therapy)와 같은 방향으로 발전을 거듭해 왔다. 눈이 짝짝이거나 목이 길게 그려졌어도 안경을 씌우고 레이스를 그려넣듯 내가 어떻게 해석하고 대응하는가에 따라 결과가 달라질 수 있다는 것이다.

하지만 무엇보다 『아름다운 실수』가 아름다운 이유는 안경을 씌우거나 덧칠을 하는 데에만 있지 않다. 조금씩 멀어지는 그림들, 이상하게 그려져서 바위가 되어버린 동물도, 풍선을 들고 달려가던 아이도, 그저 멀리서 보면 나무가 있는 풍경 속의 한 부분이 되어간다. 더 멀어진 그림 속 소녀는 점점 줄어들어 한 점으로, 그리고 다시 그 조차도 불분명한 경지에 이르게 된다.

보이나요? 이런 저런 실수들이

토성을 돌고있는 우주선에서 찍은 사진에서 지구는 그저 밝게 빛나는 한 점, 1픽셀(사각형의 점으로, 디지털 화상을 구성하는 기본적인 단위이다)에 불과하다. 1픽셀에 불과한 지구의 모습을 보면 그 속에서 안달복달하는 현실이 참 별거 아닌 듯싶다. 그처럼 이리저리 실수를 만회하던 그림들이 한 점인가 싶게 멀어지는 전경 속에서 우리가 몰입해 있는 실수에 대해 보다 너그러운 시선을 갖게 된다. 그러면 다시 시작해 볼 수 있는 여유가 생긴다. 그래서 그림책은 다시 시작된다.

실수는 시작이기도 해요

자꾸만 실수를 해서 그림을 포기하려 했던 시절의 내가 이 그림을 봤다면 어땠을까? 어쩌면 지금쯤 자판을 두드리는 대신 캔버스 앞에 앉아 있을까? 여러분은 어떤 시절의 당신에게 이 그림책을 보여주고 싶으신지? 부디 여러분의 실수는 타임머신 없이도 다시 시작할 수 있는 실수이기를 바래본다.

두 번째 시선
실수는 새로운 시작입니다

장소현

일요일 아침, 눈을 떴지만, 몸도 쉬는 날을 기억하는지, 정신이 들었다 깼다를 반복했다. 몸이 물을 잔뜩 먹은 솜처럼 무거워 일어날 힘도 없었다. 겨우 일어나 아침을 먹고 치우고 나니 12시가 넘었다. 느긋하게 텔레비전 채널을 돌리며 어떤 프로그램을 볼까 행복한 고민에 빠질 때쯤, 핸드폰 벨이 울렸다. 상담카페에 계신 실장님의 전화였다.

> 선생님 언제쯤 오세요?
> 네? 언제라니요?
> 오늘 2시에 커플 상담하기로 하셨잖아요?

퍼뜩 정신이 들었다. 지난번에 일정을 잡고 캘린더에 기록한다는 게, 다음 주 일요일로 잘못 저장을 한 것이다. "죄송해요. 까맣게 잊고 있었어요. 바로 나가도 2시가 넘을 텐데 …."

이런 어처구니없는 실수로 상담카페에 민폐는 물론, 금쪽같던 일요일의 휴식이 날아갔다. 인천에서 서울까지 가는 내내 스스로 자책했다. 이 일이 있는 후로 일정이나 약속이 생길 때마다 바로바로 입력하는 습관이 생겼다. 그리고 핸드폰 일정표를 전날 밤과 당일 아침에 거듭 확인하는 버릇도 생겼다.

방황의 시절을 지날 때마다 생각나는 그림책이 있다. 코리나 루켄의 『아름다운 실수』이다. 나는 실수를 하면 괴로워하는데 이 책은 실수를 아름답다고 한다. '어떻게 그럴 수 있지?'

표지를 열면 하얀 면지에 검은 잉크 자국이 2개가 떨어져 있다. 나의 잉크 자국같은 실수를 들자면 끝도 없다. 운전을 하다가 실수로 근처를 여러 번 돌기도 하고, 식사하다가 실수로 하얀 블라우스에 김칫국물을 흘리기도 하고, 음식을 만들다가 실수로 소금 대신 설탕을 넣어 요리를 망치기도 하고 시험에서 정답을 밀려 써서 성적을 망친 적도 있었다. 노력을 해도 언제나 실수는 불현듯 내 뒤통수를 친다.

학창시절에는 실수를 인정하는 것이 힘들었다. 별것 아닌 작은 실수까지 마음에 담아두고 나를 탓하기도 하고 그 실수를 되새김하며 밤잠을 설치기도 했다. 때로는 실수의 경험이 생각나서 혼잣말로 '중얼중얼'거리던 때도 있었다. 실수는 내가 부족하고 못나서 벌어진 것이라 생각했었다.

인지발달이론으로 잘 알려진 장 피아제는 주변 세계를 이해하고 그것에 대하여 생각하는 심리적 구조를 '도식'으로 정의 내린다. 도식은 세상을 바라보는 눈이다. 도식은 가지고 태어나는 것이 아니라 환경과 접촉하는 과정에서 형성되고 이것이 행동으로 나타난다.

그 당시 나의 도식은 실수를 실패로 받아들이는 것이었다. 실수하는 나는 부족한 사람, 완벽하지 못한 사람, 못난 사람이었던 것이다.

그림책에서 원치 않는 실수는 어떻게 마무리될까?

사람의 얼굴을 그리려고 시작했다가 한쪽 눈만 크게 그리는 실수를 한다. 그러자 지우는 대신에 안경을 씌운다. 뛰어가는 모습을 그리는데 그만 붕붕 떠버렸다. 이번에도 지우는 대신 롤러스케이트를 신졌다. 거기다 노란 풍선까지. 이러니 신이 나서 펄쩍 펄쩍 뛰어오른 모습이 되었다. 매번 또 다른 실수가 나오지만, 작가는 그 실수에 상상력을 더해 더욱 멋진 그림으로 완성해 나간다.

이처럼 실수가 한편의 아름다운 그림이 되는 과정은 더 나은 모습으로 성장해가는 과정이다. 새로운 환경, 사건을 통해 수용된 새로운 정보를 자신의 사고방식으로 통합하는 과정을 피아제는 '동화'라고 한다. 『아름다운 실수』는 바로 실수를 자기 삶의 과정으로 동화시키는 과정이다. 실수를 인정하는 것은 인간이 완벽할 수 없다는 것을 수용하는 것이고 실수가 주는 아름다운 가치를 배워가는 과정이다. 『아름다운 실수』는 실수를 승화시킬 기회와 용기를 안내해주는 길잡이같은 책이다.

초등학교 출강에서 B를 만났다. 4학년인 B는 완벽주의 성향을 지니고 있었고 그래서 상처도 잘 받았다. 돌봄교실에서 함께 하는 활동이 있었는데 그리기 활동이 거의 끝나갈 무렵에 B가 울기 시작했다.
"왜 그러니?"
"1~2학년 동생들이 나보다 잘 하잖아요"
수업이 끝나기 5분 전인데 B의 그림은 마무리하지 못했다. 무엇보다 자신이 그리려고 했던 대로 그려지지 않아 짜증을 내고 있었다.

"잘 봐봐, 동생들은 그림을 마무리하기는 했지만 시간에 쫓겨서 완성도가 떨어지잖아. 색도 다양하지 않고 색칠도 좀 삐죽삐죽하잖아. 너는 어떻게 하고 싶어? 시간에 쫓겨 대충대충 끝내고 싶니 아니면 시간이 걸리더라도 네가 원하는 그림을 그릴래?"

아이는 다음 주까지 시간을 달라고 했다. 다음 주에 가져온 아이의 그림에는 자신이 실수했던 원이 풍선이 되어 있었다. B도 『아름다운 실수』와 같은 선택을 한 것이다.

아이들의 경우 실수했다고 느낄거나 부족하다고 느끼는 순간 주변에서 어떻게 반응을 하는지가 중요하다. 실수라고 생각하는 아이의 마음을 조금 읽어주는 것만으로도 아이는 스스로 자신의 상황을 개선해나가는 방법을 찾아간다. 그래서 부모와 선생님은 아이들의 실수를 너그럽게 바라봐 주어야 한다. 무엇보다 부모와 선생님들이 아이들의 실수에서 한 발 물러서는 여유가 필요하다. 그러면 아이는 자신의 불편한 마음을 솔직하게 말할 수 있게 되고 이러한 과정을 통해 '심리적 안정감'을 얻는다. 그리고 앞으로 경험하게 될 다양한 실수 앞에서 용기를 가지고 자신만의 방법을 찾아갈 것이다. 어른들의 여유와 너그러움이 아이로 하여금 불가피한 인생의 실수에 의연할 수 있는 자신감을 가질 수 있게 한다.

세 번째 시선

아름다운 실수와 아름다운 이별

이혜선

　아버지를 뵙고 왔다. 아버지께서 오랫동안 입원하셨던 병원에 노란 산수유가 피어 있었다. 어느새 일년이 흘러 이제는 추모공원에서 만날 수 있는 아버지를 떠올리며 그림책 『아름다운 실수』를 읽었다. 이 책의 표지에는 봄날의 산수유처럼 노랑색 풍선이 하늘로 올라가고 있다.

　한국전쟁 때 월남하신 아버지는 자녀에 대한 기대가 높았고 그래서 엄격하셨다. 어리숙한 나는 아버지 앞에만 가면 위축되고 긴장을 했다. 그래서 크고 작은 실수를 저질렀다. 장녀에 대한 기대에 부응하고 인정받고 싶었지만 쉽지 않았다. 사춘기를 보내며 서먹했던 아버지와 거의 대화를 하지 않게 되었다. 어른이 되어서는 분주하게 사느라 정신이 없었다. 명절이나 생신 때 의무적으로 참여해서 시간을 보냈을 뿐 아버지와의 관계는 여전히 소원했다.

시간이 흘렀다. 이제 나는 아버지보다는 사회에서 인정받아야 했다. 아버지는 은퇴를 하셨다. 상실감에 힘들어하셨지만 새삼스레 아버지 곁으로 다가갈 엄두가 나지 않았다. 아버지는 사소한 일에도 화를 내셨고, 관계는 더 악화되었다. 길을 배회하는 등 상태가 심각해진 아버지는 초기 치매 판정을 받았다.

아버지의 보호자가 되어 병원과 데이케어 센터 등 여러 기관을 다니며 마음이 복잡했다. 늦었지만 늘 아버지와 거리를 뒀던 무심한 딸의 실수를 애써 무마해보고 싶었다. 늘 부족한 딸이었지만 이제라도 아버지의 의젓한 장녀 노릇을 해보고 싶었다. 하지만 아버지의 병마는 나의 실수를 번복할 시간을 허락해 주지 않았다.

실수가 아름다울 수 있을까? 『아름다운 실수』라는 제목이 역설적이다. 타인의 실수에는 그래도 관대할 수 있지만 나 자신에게는 용납보다 자책이 앞서기 십상이다. 그림책을 넘기니 사람의 얼굴을 그리는 장면이 나온다. 양 쪽 눈을 똑같이 그리고 싶은데 자꾸 실수를 한다. 팔 다리도 제 멋대로다. 덧칠도 해보지만 좀처럼 실수가 덮어지지 않는다. 반복적인 실수를 무마하기 위해 이렇게 저렇게 고쳐 그리는 그림이 나의 모습같다.

처음 이 책을 읽은 후 신사임당이 잔치 날 젖은 치마에 그린 그림이 떠올랐다. 신사임당이 기지를 발휘해 치마에 그린 그림이 '포도송이'였는데, 비싼 가격에 팔렸다고 한다. '전화위복'이다.

타인의 실수를 만회하고 배려해준 신사임당의 마음이 한 폭의 그림처럼 아름답다. 빌려온 치마를 입고 잔치에 온 여인도 그렇지만 수험생만큼 실수에 가슴 졸이는 이가 있을까? 2016년도 모 제과기업에서는 수험생을 응원하기 위해 명화를 새긴 세트를 마련했다. 심리적 안정감을 주고 집중력을 향상시켜준다는 명화, 그 중에 헝가리의 작가 팔 시네이 메르세의 작품이 있었다.

오래 전 잠시 헝가리 부다페스트에서 머물렀다. 여유가 없었던 일정, 언젠가 다시 방문할 기회가 주어진다면 부다페스트 국립미술관에 전시된 팔 시네이 메르세의 '자줏빛 드레스의 여인'과 '5월의 피크닉'을 꼭 보고 싶다.

수험생들을 응원한 그의 그림은 '기구(Balloon)'이다. 흰 구름이 두둥실 떠 있고 높고 푸른 하늘에 크리스마스 장식 같은 빨강과 황금색의 기구가 올라가고 있다. 새들도 아래에 날아다니는 것을 보니 제법 높이 올라갔는데 그림 속의 남자는 어디로 가고 있을까?

　국내에는 낯설고 생소한 작가 팔 시네이 메르세는 부다페스트 국립미술관의 입장권에도 등장하는 헝가리가 자랑하는 화가이다. 유복한 귀족 가문에서 성장한 메르세는 전쟁을 피해 이탈리아에 머물다 아버지의 부름을 받고 고국으로 돌아간다. 하지만 화가로서 그는 당장 인정을 받지 못했다. 계속되는 불행과 가족과의 불화로 무려 10년 이상 은둔생활을 했다. 이혼을 하고 홀로 아들을 키우던 그는 아들이 성장한 후 비로소 친구들의 권유로 다시 작품을 시작하였다. 뒤늦게 다시 시작한 그림, 한쪽 눈의 시력을 잃었가면서도 작품 활동에 매진했고, 헝가리의 대표적인 화가가 되었다.

　쉽지 않았던 인생이었지만, 끝까지 포기하지 않았던 메르세의 삶, 그는 '기구'에서 하늘로 날아가는 커다란 풍선을 그렸다. 『아름다운 실수』에도 커다란 풍선같은 기구가 등장한다. 풍선은 순수한 마음으로 꿈꾸는 희망을 상징하는 게 아닐까. 빨강 파랑의 풍선이 하늘을 떠다니는 걸 보면 어린 시절로 돌아간 듯 여전히 마음이 설레인다. 기구를 탄 사람은 오랜 기간 꿈꾸었던 하늘로 오르며 땅에 있는 사람들에게 손수건을 흔들며 인사를 건네는 것 같다.

그림을 보다가 한 사람의 얼굴이 겹쳐진다. 아! 우리 아버지다. 평생을 당신의 꿈보다는 가족을 위해 살아오셨던 아버지가 마치 자신의 꿈을 이루듯 열기구를 타고 하늘로 올라가신다. 열기구나 풍선은 누군가 공기를 불어 넣어야 부풀어지고 위로 올라간다. 어쩌면 아버지에게 자식들이야말로 아버지의 어린 시절 꿈 대신 눈부신 하늘로 띄어 보내고 싶었던 풍선이 아니었을까?

그림책은 아름다운 실수에서 시작되어 아름다운 출발로 마무리된다. 캔버스에 찍은 작은 얼룩으로 시작된 수많은 실수들은 점점 작아진다. 풍선을 들고 뛰어가던 아이는 큰 그림 속에서 보면 극히 작은 일부분이다. 팔 시네이 메르세의 기구가 그림으로 들어온 듯 열기구들이 하늘을 난다.

풍선을 들고 뛰어가는 아이는 어린 시절의 나의 모습 같고, 기구에 탄 남자는 이제는 하늘나라로 가신 아버지처럼 느껴진다. 그림은 여전히 진행 중이다. 아버지 살아생전 서로 애틋한 마음을 나누지 못했던 우리 부녀는 그림책을 통해 다하지 못한 '인사'를 나눈다. 풍선을 들고 달려가는 나는 아버지를 그 어느 때보다도 반가이 부르고, 기구를 탄 아버지는 뒤늦게나마 '미안하다, 고맙다'는 인사를 전하는 것 같다.

    돌이킬 수 없는 실패로 여겼던 큰 실수도 인생이라는 큰 그림 속에선 작은 한 점에 불과하다. 멈추지 말고 중단 없이 계속 그림을 그리다 보면 어느새 나만의 그림으로 완성되어 있을 것이다. 실수는 그 어떤 것이든, 개인적인 것이든, 서로의 관계에 의한 것이든 인생이라는 큰 그림 속에서는 작은 한 점에 불과하다. 미국 샌프란시스코에 있는 트위터 본사에 적힌 글귀로 마무리한다.

    Let's make better mistakes tomorrow !
    내일은 더 좋은 실수를 하자

Szinyei Merse Pál, *The Balloon*, 1878

9

『공원을 헤엄치는 붉은 물고기』 곤살로 모우레 (지은이)
알리시아 바렐라 (그림), 이순영 (옮긴이), 북극곰

그림책을 바라보는 세 가지 시선

첫 번째 시선
당신의 마음이 헤엄치는 곳은 어디일까요?

이정희

    그림책이라 하면 통념적으로 글과 그림이 함께 어우러진 콘텐츠라 생각하게 된다. 그런데 『공원을 헤엄치는 붉은 물고기』를 열면 당황하게 된다. 강이나 연못 바다에 있어야 할 물고기가 공원에 있어서? 동물들이 옷을 입고 말을 하는 게 다반사인 그림책 세계에서 빨간 물고기가 공원을 헤엄치는 거야 새삼스러울 게 없다. 그보다는 빨간 물고기를 따라 공원으로 들어가 보니 양면을 가득 메운 그림에 글이 한 줄도 없다는 사실에 잠시 어떻게 읽어야 하지하고 고민을 하게 되는 것이다.

    그도 그럴 것이 그동안 우리는 대부분 몇 줄이 안 되도 글의 지시에 따라 그림책을 이해하는 방식에 익숙해 왔다. 그런데 『공원을 헤엄치는 붉은 물고기』에는 그 그림을 안내해주는 글이 없다. 아니 사실은 없는 게 아니라 순서가 바뀐 거다. 그림을 다 보고 나면 그때서

부터 이야기가 시작된다. 하지만 나중에 나오는 이야기는 차치하고 우선 『공원을 헤엄치는 붉은 물고기』를 이끄는 건 그림이다. 그리고 그 그림을 통해 이야기를 상상하는 독자, 바로 당신이다.

하지만 막상 276×276㎜ 커다란 판형만큼이나 너른 공원에 가득한 사람들을 보면 시선이 갈피를 잡지 못한다. 제 아무리 글이 없어도 일반적으로 메인 스토리를 이끄는 그림이 있고, 그 스토리를 뒷받침하는 배경이 있는데 『공원을 헤엄치는 물고기』에는 모든 그림이 평등하다. 그렇다면 이 그림책은 어떻게 봐야 할까?

당신에게 '전경'으로 다가온 이야기는?

게슈탈트 심리학에서는 지금 여기 나에게 가장 중요한 욕구가 전경으로 떠오른다고 한다. 많이 알려진 루빈의 컵을 예시로 들 수 있다. 아래 그림에서 무엇이 보이는가? 사람마다 이 그림에서 컵이 보일 수도 있고, 사람이 보일 수도 있다. 보이는 이외의 것은 배경이 된다.

『공원을 헤엄치는 물고기』를 이런 게슈탈트 심리학의 전경과 배경으로 다가가면 어떨까? 공원 안에 있는 모든 사람들을 다 보려고 애쓸 것이 아니라, 그림책을 펼쳤을 때 우선 자신의 시선을 사로잡는 이야기를 따라가 보는 것이다.

이 그림책을 받았을 때 나는 개인적으로 마음이 힘들던 시절이었다. 이것저것 몸에 좋다는 것들을 집어먹으며 나를 세상 속으로 억지로라도 밀어 넣던 시절이었다. 그래서였을까 책장을 펼쳤을 때 내 눈을 사로잡은 건 가장 왼쪽 구석진 곳에 눈을 내리깔고 어깨가 축 쳐진 채 걸어가던 내 또래의 여성이었다.

한 눈에 보기에도 꽤 지쳐보이던 이 여성, 아니나 다를까, 다음 장에서 머리가 빙글빙글 어지러워 보이더니 몇 장을 넘기자 그만 가로등에 기대어 쓰러져버리고 만다. 그런데 그 곁을 지나치는 사람들은 그녀가 보이지 않는지 그냥 걸음을 옮길 뿐이다. 그 사람들이 어찌나 야속하던지.

그녀가 나인 듯 안타까워하면서 책장을 넘기는데 그녀 또래의 머리가 벗겨진 노인이 그녀를 부축해 세운다. 다행이구나 하며 한숨을 내쉬는데 반전이 일어난다. 조금 전까지만 해도 가로등에 기대어 정신줄을 놓을 거 같던 그녀가 그녀를 두고 떠나는 남자를 향해 엄지와 검지로 휘파람을 불어대는 것이다. 그러더니 언제 쓰러졌냐는 듯이 그를 향해 달려가고 그와 함께 뛰어가는 것으로 이야기는 마무리된다.

아주 짧지만 기적적인 이 상황은 <갑자기 늙었다는 기분이 들다>의 마그다 이야기이다. 나이가 그다지 많지 않지만 자녀들은 독립하고 남편과 사별한 마그다는 장을 볼 때만 밖으로 나온다. 공원에서 뛰노는 아이들, 산책하는 연인들을 보면 더 외로움을 느끼는 그녀, 공원 둘레를 따라 걸어가다 어지러워 중심을 잃고 쓰러진 거였다.

그런 마그다의 이야기를 읽자 왜 내가 많은 사람들 사이에서 구석진 곳에 있는 그녀에게 눈길이 갔는지 이해가 됐다. 물론 이어지는 이야기는 해피엔딩의 로맨스다. 그 해피엔딩의 스토리 그대로는 아니더라도, 자신을 놓아버렸던 늙은 여인이 활기차게 뛰어가는 엔딩은 그 자체로 나에게 용기를 주었다. 그래도 세상에 나와 함께 할 누군가가 있다는 사실이 희망적이었다. 그리고 이 책을 선물로 준 인연처럼 그 희망은 사실이 되어 여기에서 여전히 씩씩하게 글을 쓰는 나를 있게 했다.

그렇다면 여러분은 누가 마음에 들어오시는지? 나무에 기대어 앉은 장발의 남자? 비가 오는데 우산을 들고서도 비를 맞는 여성? 축구를 하는 무리의 아이들 뒤에서 부러운 듯 바라보는 아이. 벤치에 홀로 앉아 책을 읽고 있는 여성. 간식을 먹는 손주를 지켜보는 할머니. 홀로 연주하는 음악가. 이외에도 공원에는 여러 사람들이 있다. 그리고 그 사람들에게는 저마다의 이야기가 있다.

그림책의 이야기가 마무리된 후에는 지은이 곤잘로 모우레의 이야기가 이어진다. 스페인의 그림책 작가인 곤잘로 모우레는 아프리카 난민과 같은 사회적 문제에 관심이 많다. 그래서 『공원을 헤엄치는 붉은 물고기』에는 에콰도르에서 이민 온 소년, 스웨덴에서 영감을 찾아 이곳으로 온 시인, 그리고 키에프에서 온 플루티스트 등 저마다의 사연을 가진 이방인들이 등장한다. 그리고 때로는 몽상적이고, 때로는 따스한 사람들의 인연이 사람 사는 세상의 다양한 모습으로 그려진다.

그림책을 보며 저마다 그려 본 이야기가 곤잘로 모우레의 이야기와 통할 필요는 없다. 아마도 작가가 그걸 의도했다면 굳이 이야기를 뒤에 덧붙이지는 않았을 것이다. 이야기가 그림의 뒤에 자리한다는 건, 그림을 통해 저마다의 이야기를 만들어 보라는 작가의 의도가 아니었을까?

공원을 가득 메운 사람들 속에서 나를 찾아온 이야기, 그게 바로 지금 여기에서 나의 전경이 아닐까 싶다. 코로나 확진자의 증가로 인해 셧다운에 가까운 상황이 이어지고 있다. 올해가 가기 전에 한번 보자던 약속은 취소되고, 전시회나 음악회도 무산되었다. 가게들은 아예 셔터를 내렸다. 다시 나만의 시간이 되었다. 거리에 울려 퍼지는 크리스마스 캐롤이 이처럼 쓸쓸할 때가 있었나 싶다.

늘 한 해가 마무리될 때면 흥청거리는 사람들에게 자신을 돌아보라는 충고가 방송에서 흘러나왔다. 약속과 모임에 자신을 묻은 채 보내던 지난 송년의 시간, 올해는 그 어느 때보다도 자신을 들여다보며 보낼 수밖에 없는 시절이 되었다. 스산한 연말 그림책을 보며 지금 자신에게 다가온 이야기의 의미가 무엇인지 생각해 보는 시간을 가지면 어떨까? 지금 여기서 무엇이 나의 마음을 울리는지, 내 마음은 무엇을 향해 있는지, 자신을 돌아보는 시간, 『공원을 헤엄치는 물고기』를 만나 보기를 권해본다.

두 번째 시선

새로운 코리빙(Co-living) 하우스를 만들어가다

장소현

요즘 즐겨보는 TV 프로그램 중 <구해줘! 홈즈>가 있다. 마치, 부동산처럼 의뢰인이 원하는 집을 찾아주는 예능프로그램이다. 출연하는 의뢰인들은 다양하다. 한국 생활을 처음으로 시작하는 외국인, 아이돌 출신 예비부부, 14인 대가족, 은퇴한 노부부, 자취생 등 저마다 집을 구하는 사연들이 있다.

어느 날은 혼자 사는 1인 가구를 위한 코리빙 하우스가 소개됐다. 처음 듣는 말이라 유심히 봤다. 새로운 주거 트랜드로 떠오르는 코리빙(Co-living)이었다. 2~3층에는 긴 복도를 따라 걸어가면 호텔 객실처럼 이루어진 개인 방이 있고, 1층에는 공동 공간으로 라운지, 공용주방, 공용세탁실과 카페가 있다. 공용 생활공간과 개인 공간이 함께하는 공동주택이었다.

코리빙을 선택하는 사람들은 단순히 경제적 부담을 줄이기 위해서만 함께 사는 것이 아니다. 이들은 각각 남이지만 가족 혹은 친구 같은 관계를 형성하고 다양한 구성원들이 주거 공간을 공유하면서 취미 생활도 함께한다. 저마다의 사연을 지닌 각기 다른 사람들의 집합이지만 먼 거리에서 보면 한 가족처럼 어우러져 공동체를 이루고 있는 모습이 인상적이었다.

이런 코리빙 하우스 같은 그림책이 있다. 다양한 사람들의 모습으로 채워진 『공원을 헤엄치는 붉은 물고기』이다. 그림에는 각양각색의 사람들이 등장한다. 표지에 나와 있는 빨간 물고기를 따라가다 보면 여러 사람의 이야기를 읽을 수 있다. 어느 한 사람이 주인공이 아니고, 모두가 주인공이 되는 방식이다. 첫 장면에서 발견한 한 명의 주인공을 선택하고 한 장 한 장 넘겨서 따라가면 그 사람에게 어떤 일이 일어나는지 알 수 있다. 첫 장면부터 마지막 장면까지 이들에게는 자신만의 스토리가 있고 그들 각자 삶의 이야기가 어우러져 한 권의 책이 된다.

평범한 공원의 일상, 그런데 조금만 관심을 가지고 들여다보면 많은 사람을 만나고 많은 일이 일어난다.

> 책을 보던 남자는 혼자 있는 아이에게 글을 써서 주고,
> 홀로 버스킹하던 남자 주변에는 관객들이 모여들고,
> 쓰러진 여인에게는 도와주는 사람이 다가오고,
> 놀이터에서 혼자 놀고 있던 아이에게는 친구가 생긴다.

『공원을 헤엄치는 물고기』는 곤살로 모우레가 글을 쓰고 알리시아 바렐라가 그림을 그린 그림책이다. 그림책의 배경은 스페인이다. 스페인은 전형적인 다민족국가다. 수 세기에 걸쳐 로마제국과 이슬람제국 지배권에 있으면서 다양한 문화가 생겼다. 카탈로니아 지역이나 바스크지역은 고유의 문화를 가지고 독립적으로 살아가고 있다.

또한, 지형학적 특성으로 북유럽과 남유럽의 사람들이 오고 북아프리카와도 마주 보고 있다. 난민의 문제에서도 지중해 연안 나라들이 난민에 대한 빗장을 단단히 걸어 잠그는 사이, 스페인은 이들을 적극적으로 받아들이는 다른 선택을 했다. 그래서일까 그림책 속 공원 자체가 코리빙 하우스 같다.

공원에 등장하는 오마르와 라세는 이민자들이다. 오마르는 에콰도르에서 살다 스페인에 온 지 얼마 되지 않았다. 축구를 좋아하는 오

마르는 매일 밤 축구하는 꿈을 꾼다. 공원에서 형들이 공을 차는 모습을 부러운 마음으로 쳐다보던 오마르는 용기를 낸다. 하지만 형들은 오마르에게 관심을 보이지 않는다. 여러 번 거절을 받은 오마르는 너무 속상해서 눈물이 날 것 같았다.

라세는 예술적 영감을 찾아 온 스웨덴 청년이다. 스페인어도 서툴고 도시도 낯선 라세는 좀처럼 예술적 영감을 찾지 못하고 있다. 우연히 찾은 공원에서 라세는 평화로운 분위기와 사랑스러운 기운을 느낀다. 드디어 노트를 펼치고 아름다운 시를 쓰기 시작한다.

어디 스페인뿐일까. 이제는 우리 학교에도 다양한 문화권의 아이들이 모여든다. 학교 출강 후 급식실을 방문한 적이 있다. 몇몇 학생에게 배식이 별도로 이루어지는 모습이 생소했다. 이유를 묻자, 다문화 학생을 배려한 맞춤형 급식이라고 했다. 다문화 학생이 많이 거주하는 지역에 위치한 00초등학교는 이슬람 교리를 따르는 학생들이 있었다. 이들은 돼지고기를 비롯한 일부 음식들을 먹지 않는다고 했다. 일부 음식만 먹거나 굶는 상황이 발생하지 않도록 별도의 식단을 준비했다고 한다. 아이들에게 어떠냐고 묻자, "예전에는 집에서 도시락을 따로 싸 와서 먹었는데, 이제는 친구들과 함께 급식을 먹을 수 있어서 좋다"고 대답했다. 각자의 다양성을 존중하고 인정하는 방법들을 찾아내고 실천하는 오늘의 학교, 그게 바로 세계화 시대의 교육이라는 생각이 들었다.

사람들이 어울리면서 새로운 코리빙 하우스를 만들어 가듯이 영화 <오베라는 남자(A man called Ove)>는 함께 살아가는 사람들과의 관계 맺음을 보여주는 내용이다. 처음에는 까칠하고 고집불통에 자기밖에 모르는 노인이라고 생각했다. 하지만 영화가 진행이 되면서 오베는 끊임없이 누군가를 챙기고 돌보아 준다.

오베의 집 근처로 이란인 여인 '파르바네'가 이사를 온다. 그녀는 두 딸의 엄마이자 만삭의 임산부이다. 대다수 이웃이 오베와는 소통이 불가능하다는 이유로 접근하려 하지 않지만, 오히려 이민자인 파르바네는 개의치 않고 오베라는 노인에게 다가간다. 오베의 안부를 묻고 어려움에 처했을 때 그에게 부탁한다. 파르바네가 너무 당당해서 당황스러울 정도다. 냉소적인 이웃들에 둘러싸여 자살을 결심했던 오베, 파르바네 덕에 오베는 더는 자살을 선택하지 않고 파르바네 가족과 생이 다할 때 까지 어우러져 살아간다.

교육현장에서 다문화는 이미 중심화두가 되었다. 다양한 사람들과 함께 관계를 맺으면서 살아가는 것을 배우는 게 우리 아이들에게는 숙제가 되었다. 『공원을 헤엄치는 물고기]』를 아이들과 읽어야 하는 이유이다.

세 번째 시선

새로운 출발점, 나의 공원 이야기

이혜선

공원이 없는 도시를 상상할 수 있을까? 공원은 도시에서 자연을 생각하고 느끼는 공간이다. 서울에서 태어나서 자란 내게 잘 가꾸어진 공원은 익숙하다. 산이라고 불리기에는 조금 어색한 남산부터 삼청 공원, 그리고 경의선 숲길 공원 등 내가 좋아하는 공원이 떠오른다. 해결해야 할 문제들을 생각하며 빠르게 걷기도 하고, 모처럼 여유를 즐기며 천천히 느린 걸음으로 숲길을 따라 걷는다. 달리고 웃는 사람들과, 편안한 복장으로 느슨하게 시간을 즐기는 사람들을 바라보다 조용히 미소를 지으며, 공원과 관련된 글 없는 그림책을 읽었다.

『공원을 헤엄치는 붉은 물고기』는 빨간 물고기 한 마리가 표지에 등장한다. 물을 떠난 물고기가 누구에게나 열린 공간인 공원으로 들어와서 헤엄치는 공원, 어떤 이야기를 들려줄지 궁금하다. 생명력이 느껴지는 빨간 물고기 때문일까? 공원보다는 대형 수족관이 연상된다. 물고기와 공원의 조합이 낯설고 신기하다. 공원에는 다양한 사람들이 가득하다. 처음 읽을 때는 물고기에 시선이 고정되어 책장을 넘겼다. 다시 처음부터 찬찬히 들여다보니 사람들이 보인다. 그저 스쳐갈수 있는 공원의 풍경도 다시 살펴본다. 이 책에 담긴 공원의 계절은 언제일까?

웃고 있는 사람, 신문을 보는 사람, 책을 보는 사람, 뜨개질 하는 사람, 우산을 쓰고 가는 사람, 사진을 찍는 사람, 달리는 사람, 앞이 보이지 않는 사람과 안내견 그리고 플룻을 연주하는 사람... 풍선을 들고 가는 아이, 미끄럼 타는 아이, 인라인 스케이트를 타는 아이, 보드를 타는 아이, 축구공을 차는 아이, 자전거 타는 아이... 아이를 안고 있는 엄마, 유모차를 끌고 가는 엄마, 서로 바라보는 연인들과 지팡이를 짚고 천천히 걷는 노인, 마치 벤치에 앉아 공원을 오가는 사람들을 마치 내가 바라보는 것 같다.

공원에는 사람들만큼 다양한 소리도 들리는 것 같다. 아이들이 웃고 떠들 때, 엄마는 아이의 이름을 부른다. 연인들의 속삭임과 사람들의 대화 사이에 음악 소리가 흐르고 있다. 그들 사이를 붉은 물고기가 소리 없이 유영해간다. 뛰어다니는 강아지와 고양이, 새, 두더지도 공원의 일부분이다. 그리고 크고 작은 나무와 꽃들, 벤치와 의자. 가로등과 미끄럼틀, 울타리와 분수 등 다양한 사물들이 변함없이 한결같은 모습으로 그 자리를 지키며 늘 사람을 맞이한다. 펼쳐진 화면 속에서 유독 물줄기가 계속 바뀌는 분수가 눈에 들어온다.

오래 전 몇 번을 포기하고 싶었던 힘들고 벅찬 공부를 했다. 늦은 오후 지치고 힘든 나를 위로하며 공원을 산책했다. 그러다 분수를 바라보게 되었다. 하염없이 물을 뿜어내는 분수, 그 때 내 안에서 "분수는 무엇을 위해 끊임없이 물을 내뿜고 있느냐? 분수의 존재 목적은 무엇이냐?"라는 질문이 들려왔다. 그리고 기다렸다는 듯이 답이 떠올랐다. "분수는 지금 이 순간 자신만의 공연을 위해 많은 기다림의 시간이 있었다. 분수는 늘 누가 보든 보지 않던 정해진 시간에 공연을 시작한다. 그냥 자리를 지키며 자신만의 공연을 하는 것이다. 너도 공부가 힘들다고 포기하지 말고, 꾸준히 너만의 공연을 준비해라!" "Don't give up!" 그 마음의 소리에 나는 벌떡 일어나 다시 도서관으로 달려갔다. 바로 그렇게 내 마음을 울리던 분수가, 이 책에서도 변함없이 물을 뿜고 있다.

이 책을 읽다 보니 미술 교과서에 수록되어 익숙한 조르주 쇠라의

'그랑드 자트 섬의 일요일 오후'가 떠올랐다. 쇠라는 19세기 당시 유럽 부르주아 계급의 여가 생활을 상징하는 공원을 화폭에 담았다. 그림책『공원을 헤엄치는 붉은 물고기』와 쇠라의 '그랑드 자트 섬의 일요일 오후' 두 작품에서 사람들은 공원의 일부분이다. 공원은 사람들의 존재로 완성된다.

눈부신 일요일 오후 사람들이 저마다 한가롭고 평화롭게 휴식을 취하고 있다. 산업혁명 이전까지의 회화는 아름다운 자연이 배경이었지만, 자연을 즐기는 인간의 모습이 본격적으로 화면에 담겨지기 시작한 것은 이 때부터이다. 과학 발전과 함께 색에 대한 연구도 활발해졌다. 쇠라가 이 그림에서 활용한 점묘법은 팔레트에서 물감을 섞어 투박해지는 것을 피해 보색인 원색의 작은 점으로 수없이 찍어 보는 사람으로 하여금 하나의 색으로 느끼도록 하는 회화의 기법이다. 그러기에 마음가는대로 붓질을 하는 게 아니라 원하는 색감을 얻기 위해서 치밀한 계산을 해야 했다.

이 작품이 완성되기 까지 1884년부터 무려 2년 여의 시간이 필요했다. 48명의 다양한 세대, 여러 계층의 사람들이 낚시를 하기도 하고 파라솔을 쓰고 산책을 하며 자신들만의 방식으로 여가를 즐기는 모습이 담겨있다. 그는 햇빛이 있는 날이면 그랑드자트 섬으로 가서 스케치를 하고 다시 아틀리에로 돌아와 곱게 간 목탄 가루에 점토를 섞어 반죽한 후 구워낸 미술재료 콩테 크레용으로 드로잉을 완성했다. 보다 세밀한 그림을 위해서이다. 이후 점을 찍으면서 자신만의 그림을 그렸고, 완성 후에도 계속하여 다양한 수정을 했다. 이 작품을 위해 그린 드로잉과 색채 습작만도 약 60여점이 넘는다고 한다. 207x308cm의 거대한 화면의 시카고 미술관에 전시된 원작은 보지 못했지만, 뉴욕의 메트로폴리탄 뮤지엄에서 이 그림의 습작을 마주했다. 수많은 점으로 이루어진 그 그림은 압도적이었다. 쇠라의 인내력과 끈기와 삶에 대한 열정에서 구도자의 '영성'이 전해진다.

쇠라는 하나의 색을 더 온전하게 보여주기 위해 수많은 다른 색의 점들을 찍었다. 그 누구도 부정할 수 없는 성실함으로 치열한 삶을 살다간 작가를 기억하며 정성껏 한 점 한 점 찍듯이 매 순간에 성실하기로 다짐하며 공원으로 다시 산책을 간다.

쇠라의 그림처럼 한 점 한 점씩 찍으며 우리는 오늘을 살아가고 있다. 스티브잡스는 2005년 스탠포드 대학교 졸업식 연설문으로 이 글을 마무리 한다.

내가 지금 한 일이 인생에
어떤 점을 찍는 것이라고 한다면
미래에 그것들을 어떻게 이어질지는 예측할 수 없다.
그러나 10년이 지난 후 돌이켜 보니
그 점들은 이미 모두 연결되어 있었다.
과거에 무관하다고 생각한 경험들은
모두 연결되어 있다.

The first story is about connecting the dots.

Georges Seurat,
A Sunday Afternoon on the Island of La Grande Jatte, 1884 - 1886

10

『나는 강물처럼 말해요』 조던 스콧 (지은이)
시드니 스미스 (그림), 김지은 (옮긴이), 책읽는곰

그림책을 바라보는 세 가지 시선

첫 번째 시선

우리는 모두 강물처럼 살아갑니다

이정희

예전에 그림책은 아직 글 읽기가 익숙하지 않은 어린아이들을 위해 그림을 곁들인 짧은 글 책으로 여겨졌다. 하지만 최근에 그림책은 아이들만이 아니라 어른들도 읽는 신선한 시각적 매체로 다가온다. 그림과 글이 함께 어우러져 만들어 내는 감성적인 울림이 그 어느 때보다도 메마른 삶을 살아가는 이 시대 사람들에게 주효한 '처방전'이 된다. 바로 그 감성적인 처방전으로 권하고픈 그림책이 있다. 조던 스콧 글, 시드니 스미스 그림의 『나는 강물처럼 말해요』이다.

소나무의 스-가 입안에 뿌리를 내리며 혀와 뒤엉켜 버려요.

말을 더듬는 소년이 있다. 소년은 자신을 둘러싼 낱말들의 소리를 들으며 깨어나지만 정작 그 말들을 입 밖으로 꺼내기가 쉽지 않다. 입은 낱말들로 가득차지만 말이 되어 나오지 않는다. 말하기에 자신감을 잃은 소년의 존재는 점점 흐트러지고 뭉개져간다.

오래 전 말을 더듬던 한 소녀에 대한 영화를 본 적이 있다. 말을 더듬어 어려움을 겪던 소녀는 알고 보니 글자가 역순으로 인식하는 난독증이었다. 난독증을 치료한 소녀가 우수한 성적으로 대학을 졸업하는 것으로 영화는 마무리 되었다. 이 영화에서처럼 우리 역시 '말을 더듬는다'고 하면 치료와 정상적인 상태로의 복귀를 먼저 떠올린다. 그림책 속 소년의 언어 치료사 선생님 역시 마찬가지였다. 유창하게 말하는 것을 목표로 삼으셨다.

나는 강물처럼 말해요

하지만 소년은 유창하게 말하는 것에 대해 다르게 생각하기로 한다.

> 물거품이 일고, 소용돌이치고, 굽이치다가
> 부딪치는 강물을요.
> 나는 강물처럼 말해요.

강물은 굽이굽이 흘러간다. 산골짜기에서 샘솟는 물이 유장한 강물이 되어 흐를 때까지 책 속의 표현대로 '물거품이 일고/ 소용돌이치고/ 굽이치고/ 부딪치며'간다. 유유히 흐르는 듯 보이는 강물은 그 안에 이런 '역동적인 갈등'을 품고 있다. 그러기에 많은 작가들이 강을 빌어 우리네 인생을, 삶이 주는 고뇌를 논했다. 소년 조던을 강으로 데리고 간 아버지 로이 스콧은 아들에게 말한다. '너도 저 강물처럼 말한단다.'

심리학자 알프레드 아들러는 보다 나은 존재가 되고자 하는 것이 인간이 가지는 보편적 욕구라고 말한다. 그런데 보다 나은 존재가 되고 싶기에 인간은 늘 스스로 부족하다고 느끼게 된다. 바로 그 부족하다고 느끼는 열등감이야말로 인간이 노력하고 성장하고자 하는 원동력이라고 아들러는 강조한다.

하지만 열등감을 성장의 발판으로 삼는 대신 거기에 사로잡히면 열등 컴플렉스라는 병적인 상태가 돼버린다. 소년 조던은 친구들 앞에서 말을 자유롭게 하지 못한다는 열등감으로 인해 뱃속에 폭풍이 일어나고 두 눈에 빗물이 가득 차 오르는 고통에 빠져들고 만다. 아버지 로이 스콧은 조던을 짓누르던 열등감의 물꼬를 '강물'을 통해 터준다.

장애를 대하는 다른 시선

훗날 시인이 된 소년은 말한다. 말을 더듬는 사람들은 단순히 말을 더듬는다고 말해버리기 힘든 다른 방식으로 말한다고. 단어와 소리와 몸을 가지고 겉으로는 잘 드러나지 않는 복잡한 그만의 노동의 행위를 하고 있다는 것이다. 만약 소년의 남다른 감각을 유창함이란 세상의 잣대에 우겨 넣으려 했다면 어떻게 되었을까? 아마도 우리는 캐나다의 대표적 시인 조던 스콧을 만날 수 없었을 것이다.

『나는 강물처럼 말해요』처럼 최근에 들어서 장애에 대한 인식을 제고해야 한다는 목소리가 높아지고 있다. 애초에 장애라는 것이 '완전한 그 무엇'을 전제로 한 개념인 만큼 불완전한 존재로서 장애를 바라보는 시각 자체부터 달라져야 한다는 것이다. 애초에 '정상'이나, '완전한 존재'의 기준이 있기는 한 걸까?

책의 후기에서 저자는 각자의 말하는 방식에 귀 기울여 보라고 권한다. 멈추거나 머뭇거리지 않는지, 자주 실수하고 단어를 잊어버리지 않는지, 단어를 고르는데 어려움을 느끼지 않는지, 말하기가 꺼려지지는 않는지. 글을 쓰며 살아가는 처지이지만 나만해도 점점 단어를 떠올리는데 어려움을 느낀다. 비슷한 연배들을 만나면 우스개로 서로 치매라고 하며 '그 있잖아'라는 대명사로 대화를 채워가곤 한다. 아마도 나처럼 나이 들어가는 사람들만이 아니라도 많은 사람들이 말, 혹은 글에 대해 어려움을 느낄 듯하다. 최근 우리 사회에서는 청소년 열 명 중 한 명이 글을 읽을 줄 알아도 그 뜻을 제대로 이해하지 못하는 '문해력'에 문제가 있다는 우려가 대두되고 있다.

말이나 글뿐만이 아니다. 알프레드 아들러가 열등 컴플렉스 개념을 창안할 때만 해도 신체적 열등감이 주요한 화두였다. 하지만 현대에 올수록 신체적인 열등보다는 오히려 정신적이고 사회적인 열등감으로부터 비롯된 병리적 컴플렉스가 더 문제가 되고 있다. 드러내놓고 말하지 않아서 그렇지 사람들은 저마다 알고 보면 열등감 덩어리다. 머리끝부터 발끝까지, 말투부터 태도까지 날마다 피어나는 열등감과 싸우며 살아간다.

   나만해도 멀쩡한 데가 없다. 시신경 장애로 인해 한 쪽 눈은 거의 보이지 않는다. 앉았다 일어서려면 저절로 '아이구' 소리가 튀어나올 만큼 관절이 말썽이다. 다잡아 지내려 하지만 호시탐탐 마음의 빈 공간을 비집고 들어오려는 우울증은 어떻고 끝도 없다. 어디 나만 그럴까. 하지만 우리는 그럼에도 살아나간다 '물거품이 일고 /소용돌이 치고/ 굽이치다가/ 부딪치지만 흘러가는 강물처럼 살아낸다. 친구들 앞에서 '강물처럼 말해요'라고 얼굴을 붉히던 소년 조던처럼, '그럼에도 불구하고' 용기를 내어보는 것이다.

두 번째 시선

나를 위한 마법의 주문

장소현

    초등학교 시절 나는 마법사가 지팡이를 휘두르며 주문을 외우듯 나만의 주문법이 있었다. 발표시간만 되면 "할 수 있어~ 할 수 있어~ 할 수 있어!"를 속으로 3번 정도 말하고 손을 들었다.

    남들 앞에서 말할 때 긴장을 많이 해서 발표할 때마다 떨었다. 이번 시간은 발표를 '잘해야지', 마음을 먹는 순간 이상하게도 심장 박동이 빨라지고 얼굴이 빨개지면서 긴장을 했다. 아무리 차분하고 또박또박 말을 하려고 다짐을 해도 내 차례가 되면 염소 목소리처럼 떨리는 소리가 나왔다.

    내가 발표시간에 유독 긴장한 이유는 잘하고 싶었던 마음이 커서였다. '말한 것이 틀리면 어쩌지!', '이렇게 이야기하는 게 더 좋을까?' 하면서 머릿속으로 이런저런 생각을 하다 보니 긴장이 심해질 수 밖에 없었다. 그러다가 발표기회도 종종 놓쳤다. 이미 알고 있는 것인데도 생각이 꼬리에 꼬리를 물다 보니 그새 다른 친구가 먼저 손을 들고 내가 하고 싶은 말을 해버렸다.

그래도 가끔은 떨리지 않는 목소리로 또박또박 말을 하는 운 좋은 날도 있었다. 그럴 때마다 오늘은 '주문이 통했어'하고 속으로 외쳤다. 그런 날은 모든 것이 술술 풀리는 느낌이었다.

시간이 흐르면서 발표에 대한 긴장감은 자연스럽게 좋아졌지만, 성인이 된 이후에도 어릴 적 사용했던 주문을 소환할 때가 있다. 처음 만나는 사람들 앞에서 나를 소개할 때, 많은 사람 앞에서 발표할 때, 순간 내가 주목을 받을 때 몸이 굳으며 긴장하게 된다. 그럴 때 "천천히~ 천천히~ 긴장하지 말자!" 라고 나에게 주문을 건다.

이런 경험들 때문일까? 『나는 강물처럼 말해요』는 어린 시절 나에게 '할 수 있어'라고 했던 것처럼, '당신은 강물처럼 말할 수 있어요'라고 주문을 걸어주는 것 같다.

캐나다 시인 조던 스콧의 어릴 적 이야기인 이 책은 그가 말을 더

듣던 시절의 이야기를 담고 있다. 그림책의 주인공 어린 스콧은 말을 꺼내는 것이 너무 어렵다. 학교에서는 주목받지 않으려고 늘 맨 뒷자리에 앉는다. 선생님이 아이에게 무언가를 물어보면 모두 조던을 돌아본다. 잔뜩 겁을 먹고 있는 자신을 바라보는 수많은 시선을 견디는 건 너무나 힘든 일이다. 목구멍은 꽉 막힌 것 같고 입이 아예 꼼짝도 하지 않는다. 힘든 하루다.

학교에 데리러 온 아빠는 아이의 침울한 표정만 봐도 발표를 잘하지 못한 것을 안다. 아빠는 아이를 데리고 강가로 간다. 아무도 없는 강가를 둘이 걷는다.

> 강물이 어떻게 흘러가는지 보이지?
> 너도 저 강물처럼 말한단다.

아빠의 말은 아이에게 주문과도 같다. 흘러가는 강물을 바라보면서 아이는 스스로에게 말한다. '나는 강물처럼 말해요.'
강물을 소용돌이치고 굽이치면서 부딪치지만 자신의 흐름대로 흘러간다. 자기의 속도에 따라 흘러간다. '강물처럼 말해요'는 말을 더

듣거나 잘 하지 못하더라고 그 자신의 호흡 그대로를 자신의 것으로 당당히 받아들이라는 주문처럼 여겨진다.

> 울고 싶을 때마다,
> 말하기 싫을 때마다,
> 자신을 둘러싼 낱말들을 말하기 어려울 때마다,

잠시 호흡을 가다듬고 흐르는 강물을 보면서 자신의 주문처럼 맘에 담는다. 소용돌이치고 굽이치고 부딪치면서 당당하게 흘러가는 강물을 온전히 느낀다. 말을 더듬는 아이가 쉼 없이 흐르는 강물과 마주하며 내면의 아픔을 치유하고, 남과 다른 자신을 받아들이는 과정은 성장이자 치유이다.

아이가 침대 위에 '나는 강물처럼 말해요.' 문구를 써서 붙인 것이 인상적이었다. 아이는 학교의 발표 순간만이 아니라 살아가면서 여러 어려움을 만날 것이다. 아이가 용감하게 한발을 내딛는 순간마다 이 문구는 주문과 같은 역할을 할 것이다.

그림에서 아이가 정면으로 보이는 몇몇 장면들이 있다. 이 순간에 든든한 아빠는 함께 할 수 없다. 오롯이 아이 혼자 감당해야 할 시간이다. 아이가 멈춰서 고민할 때, 어려움에 직면했을 때, 마음속으로 생각하고 있을 때, 아직 결심하지 못하고 망설일 때, 마치 인생을 온전히 받아들이듯 아이는 정면으로 서 있다. '품 안에 자식'이라지만 이 아이는 스스로 감당해야 하는 상황에 맞닥트린다. 결국, 아이들은 독립적으로 살아가야만 한다.

그런데, 그림책은 말을 더듬던 아이가 남들과 다른 자신을 받아들이며 성장하는 모습도 있지만. 또한, 그런 아이를 바라보는 양육자의 마음이 함께 나온다. 아이가 움직이는 그림은 모두 뒷모습으로 보인다. 자녀를 키우는 양육자라면 공감하지 않을까? 한 어린아이가 성장하는 과정에서 부모는 이끄는 것이 아니라 등 뒤에서 그들이 앞으로 나아갈 수 있도록 도와주어야 한다는 것을...

부모교육을 했을 때 자녀 문제로 만났던 A가 떠오른다. 아이가 나이에 비해 언어 발달이 느리게 이루어져 고민이 있던 엄마였다. 병원에서도 단순 지연이라고 지켜보자고 했는데 아이의 상황보다 부모의 불안이 앞서서인지 조바심을 내고 있었다. 어린이집에서 끝나면 상담센터로 가서 놀이치료와 미술치료 받고 다른 곳에서는 언어치료를 받고 있었다. 일주일에 3번이나 상담실에 가면서 아이가 가기 싫다는 날이 늘어났다. 피곤에 지쳐 잠든 아이를 깨워서 억지로 치료를 받게 하는 일이 많아졌다. 아이의 짜증이 늘어났다.

엄마는 아이를 있는 그대로 받아들이기 힘들어했다. 아이가 표현이 정확하지 않으면 그 누구 앞에서라도 말을 고쳐줬다. 사실 아이는 말이 좀 늦은 것뿐이었지만, 엄마의 행동과 태도를 보면서 아이는 스스로를 비정상이라고 받아들였다.

아이의 언어 발달을 촉진하는 좋은 방법은 치료적 개입도 중요하지만, 무엇보다 아이가 대화에서 주인공이 될 수 있도록 도와주어야 한다. 말이 늦고 표현이 서툴더라도 아이가 상황을 주도하도록 기다려 주어야 한다. 얼음처럼 굳었던 아이가 스스로 녹는 시간이 필요하다. 말더듬는 상황이라면 틀린 것이 아니라 조금 늦게, 조금 다르게 하는 것이며 자연스러운 것이라는 인식을 심어줘 편안한 마음을 갖도록 하는 것이 중요하다. 조던 스콧의 아빠처럼 기다려주고 믿어주는 것, 부모의 자리는 거기까지이다.

세 번째 시선

내 아이를 위한 기도

이혜선

노랗고 하얀 봄꽃이 하나둘씩 피어나자 놀이터에는 사람들로 가득해졌다. 생명력이 넘치는 아이들의 웃음소리가 들려온다. 아이들은 끊임없이 말하고 웃고 떠든다. 오랜만에 들려오는 재잘거리는 소리가 명랑한 노래처럼 들린다. 문득, 놀이터에서 친구들과 함께 하지 않고 집에 홀로 남은 한 아이가 떠올랐다. '언어는 존재의 집'이라고 하는데, 홀로 남은 아이는 어떤 존재의 말을 할까?

이 책은 그림책 세미나에서 한 선생님으로부터 소개 받았었다. 우리나라에 출간을 준비 중이어서 원서로 먼저 만났다. 영어로 된 원문을 먼저 읽고 한국말로 다시 읽어주었다. 나직한 선생님의 목소리와 초록색 그림이 화면에 가득했다. 어떤 제목으로 번역될까 궁금했었다. 그리고 얼마 뒤 『나는 강물처럼 말해요』가 출간되었다는 배너 광고를 접했다. 패프릭 포스터도 선착순으로 지급된다기에 서둘러

주문을 했다.

기다리고 기다리던 책이 드디어 도착했다. 패브릭 포스터는 생각보다 소박했지만 기다렸던 소년을 보는 것만으로도 반가웠다. 한동안 표지 속 소년을 들여다보았다. 강물 소리를 듣고 있는 것처럼 소년의 귀가 커다랗다. 소년은 눈을 감고 있다. 모나리자처럼 신비한 미소를 짓고 있다. 머리 위로 햇살이 비치고 있다. 그 모습이 마치 세례를 받고 거듭난 예수님같다. 성화를 대하는 것처럼 신비한 경외감이 느껴진다.

"나는 아침마다 나를 둘러싼 낱말들의 소리를 들으며 깨어나요. 그리고 나는 그 어떤 것도 말할 수가 없어요."이렇게 책은 시작된다. 『나는 강물처럼 말해요』는 어린 시절에 말을 더듬었지만 시인이 된 조던 스콧의 이야기이다. 시인의 글에 시드니 스미스가 그린 그림은 부드럽고 테두리가 없다. 그가 그려낸 물결은 햇빛이나 달빛에 비치어 반짝이는 잔물결을 뜻하는 우리말인 '윤슬'이란 단어가 떠오른다. 그런가 하면 유장하게 흘러가는 강물은 한 폭의 산수화처럼 깊고 푸르며 압도적이다. 때로는 의사소통의 어려움을 그림으로 표현한 듯 안개 속의 풍경처럼 사람의 얼굴 표정도 강물의 흐름도 희미하다. 글과 그림의 콜라보가 절묘하다.

　비언어적 의사소통도 의미가 있다. 언어는 인간의 중요한 의사소통의 수단이다. 이 책에 등장하는 소년은 하고 싶은 말을 편안하게 하지 못한다. 말을 꼭 해야 하는 상황에서도 침묵을 지킨다. 주변 사람들을 의식하게 되고 마음이 위축되고 불편하고 답답하다. 그 아이는 스스로 그림자가 되어 늘 교실 뒷자리에 앉아 있다. 언어를 통해 소통하는 교실에서의 시간이 소년에게는 얼마나 큰 고통의 시간일지 마음이 아프다.

　힘든 하루를 보내고 이해심 깊은 아버지와 강가를 거닐며 대화를 한다. 아버지는 아이와 나란히 앉아 강물이 흘러가는 모습을 바라본다. 부글부글 끓어오르듯 거품이 일고, 강물은 빙글빙글 돌아간다. 휘돌아치고, 부딪치면서 흘러가는 강물을 바라보다가 아이는 눈을 감고 강물을 온전히 느낀다. 양쪽의 페이지를 펼치면 강물이 넓어진다. 그리고 그 강물 속에 잠겨있는 아이를 바라볼 수 있다.

　이 장면을 보면서 생각하는 화가이고 그림 그리는 철학자로 불리는 르네 마그리트의 '대화의 기술'이 떠올랐다. 드넓은 평야에 쌓아

올린 직육면체의 커다란 돌덩이들의 거대한 구조물 앞에서 작은 두 사람이 대화를 나누고 있다. 그림을 자세히 보면 'REVE' 라는 알파벳이 보이는데 프랑스 단어로 '꿈'이라는 뜻이다. 너무 거대한 구조물인 '꿈' 앞에 사람의 모습은 너무 작아 보이지만, 그래도 사람은 꿈으로 인해 미래를 꿈꾸며 미래를 향해 달려간다. 마치 그림 속 대화를 나누는 두 사람이 그림책 속 아버지와 소년 조던같다. 아버지의 꿈은 아들이 유창하게 말하는 것이 아니라, 강물처럼 의연하게 거친 세상을 잘 흘러갔으면 하는 것이 아니었을까.

이 글을 마무리할 때 부고 소식을 들었다. 아들을 무척이나 사랑하던 아버지 '딕 호잇'이 돌아가셨다. 태어날 때부터 불구의 몸으로 세상에 나와 걷지도 뛰지도, 심지어 일어나 앉지도 못한 채 살아가고 있는 아들을 아버지가 특별히 제작된 휠체어를 밀면서 뛰었다. 고무보트에 아들을 태우고 앞에서 끌면서 헤엄치고, 자전거의 앞부분에 보조안장을 설치해 거기에 아들을 태우고 사이클링을 했다. 이들 부자는 1977년부터 2016년까지 40년간 마라톤 72회 완주, 트라이애슬론 257차례(철인코스 6회) 등 1130개의 대회에서 완주했다.

"Yes, you can" 이 말은 아버지와 아들이 등장하는 곳곳에서 붙어 있었다. 마라톤 완주 후 아들이 컴퓨터로 외친 말이다. 전신마비 아들을 태운 휠체어를 밀고 달리며 전 세계 수많은 이들에게 감동과 영감을 준 '세상에서 가장 강인한 아버지'는 아들과 함께 많은 꿈을 꾸었고 이루어 냈다. 여전히 세상 곳곳에서 아버지들은 기도하고 꿈꿀 것이다. 내 아이를 위해.

René Magritte, René François Ghislain Magritte
Chair Car, 1965

11

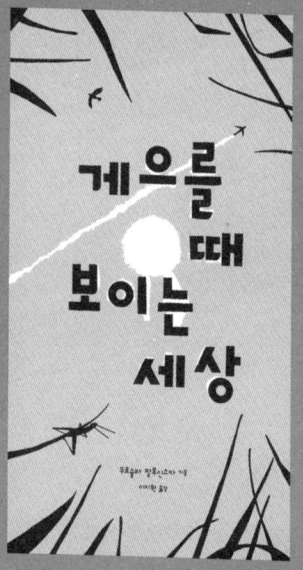

『게으를 때 보이는 세상』 우르슐라 팔루신스카 (지은이)
이지원 (옮긴이), 비룡소

그림책을 바라보는 세 가지 시선

첫 번째 시선
게으른 세상이 준 화두

이정희

지난 일요일 비가 촉촉하게 내렸다. 모처럼 집에서 쉬는 아들과 함께 우산을 들고 산책을 나섰다. 비를 맞고 샐쭉해진 개나리며, 이제 막 화사함을 펼쳐내기 시작한 벚꽃에, 만개한 목련, 그리고 내리는 비 덕분에 한껏 풍성하게 흘러내리는 개울까지 굳이 먼 곳으로 떠나지 않아도 봄을 만끽할 수 있었다. 산책 후에 나누는 한 잔의 커피와 버터향이 짙은 스콘, 까페는 휴일의 '쉼'을 나누는 가족들로 북적인다.

얼마 전 만난 선생님이 부럽다고 했다. 굉장히 여유로워 보인다나. 여유라니! 이런 단어로 내가 보인다니 참 낯설다. 불과 2년 전만 해도 상상할 수 없는 내 모습이었다. 시간 아깝게 무슨 산책! 까페에 가서 마시는 커피 값도 아깝고, 스콘은 언감생심, 그럴 돈이 어디 있어! 그렇게 살았었다. 그때보다 경제적 형편이 나아졌냐구? 내가 버는 돈은 그 당시에 비하면 반 토막이 났다. 이 나이 되도록 여태 집 한 칸 없이 산다. 그런데 이렇게 여유를 부린다. 돼지 목에 진주목걸이일까? 그래도 편하고 좋은 걸 어쩌겠는가. 그런데 이 여유의 시작이 어디였을까? '은인'을 찾자니 '코로나 19' 덕이란 생각이 든다.

우리 사회 전체가 그랬듯이 나 역시도 코로나 19로 인해 멈춰섰다. 주경야독처럼 낮에는 아이들을 가르치고 밤에는 글 쓰고, 뭐 이런 식으로 숨 가쁘게 달려오던 시절, 본의 아니게 멈춰 설 수밖에 없었다. 지인들도 만날 수 없게 되었다. 이게 다 '코로나 때문이야!', '일각이여삼추'인 심정으로 코로나가 종식되기만을 기다렸다.

폴란드의 작가 우르슐라 팔루신스카의 『게으를 때 보이는 세상』을 보았을 때 코로나 19로 인해 본의 아니게 잠시 멈춤의 시간을 가지게 된 나의 모습이 떠올랐다.

이모는 감자를 곁들인 저녁을 준비한대요
이웃집 아주머니는 시장을 갈 거고요.
우체부 아저씨는 우편물을 날라요.

말인즉 그림책 속의 등장인물들은 모두 무언가를 해야 한다. 하지만 막상 그 무엇도 하지 않고 게으름을 피운다. 벌러덩 누워 하늘을 본다.

얼굴을 덮은 신문의 알파벳 사이로, 모자 사이로 비춰진 햇살, 누워서 보는 나무, 수풀, 벌레들 등등 글만으로는 어찌 설명할 수 없는 풍광을 그림책은 보여준다. 똑같은 햇살인데 모자 사이로, 알파벳 사이로 보이는 햇살이 다르다. 낮부터 밤까지, 같은 하늘인데도 전혀 다른 세상이 펼쳐진다.

지구가 끌어당기는 힘, 중력, 우리는 중력에 지배되는 존재이다. 우리는 대부분 서있거나 앉아서 시간을 보낸다. 가끔 하늘을 보지만 그조차도 서있거나 앉은 상태에서이다. 막상 고개를 치켜들어 볼 수는 있지만 오래 보고 있기는 쉽지 않다. 그렇게 보이는 세상이 바로 중력적 존재인 우리가 보는 세상의 '프레임'이다.

세계에 대한 의미는 인간에 의해 부과된 것이다

심리학자 장 피아제는 이렇게 정의내린다. 땅에 발을 붙이고 세상을 바라보듯이 우리는 각자가 살아온 경험과 인지적 역량의 테두리 내에서 세상을 해석한다고 한다.

그런데 코로나 팬데믹이 우리가 살아왔던 익숙한 관성적 프레임을 벗겨버렸다. 기본적으로 나 자신으로부터 시작해서 나의 일, 내가 속한 조직, 사회, 나아가 국가, 그리고 자연과 세계에 이르기까지 우리가 익숙하게 살아왔던 프레임 자체로 부터 우리를 튕겨 나가게 만들었다. 그림책 속에 등장한 사람들은 스스로 하늘을 바라보는 여유를 가졌지만, 코로나 팬데믹에 봉착한 우리들은 본의 아니게 드러누워 하늘을 바라보는 여유를 강제당한 처지에 놓이게 된 것이다.

나 역시도 처음에는 늘 발을 구르던 쳇바퀴가 사라진 상황에 당황하여 불안과 공포에 떨었다. 그런데 그림책 속 사람들이 누워 하늘을 바라보듯, 워커홀릭에 가까운 삶에서 방출되어 본의 아니게 게으르게 되니 다른 세상이 열렸다.

세간에 화제가 되고 있는 법륜 스님의 즉문즉설에는 '힘들다'는 호소가 많다. 남편이 이래서 힘들다. 상사가 저래서 힘들다 등등. 그런 호소인들에게 스님은 '정 힘들면 하지 말라'고 하신다. 남편이 자기 멋대로라 정 견디기 힘들면 결혼생활을 그만하면 되고, 상사가 힘들면 회사를 그만두면 된다고 하신다.

때려치라고 부추키시는 걸까? 스님이 주시는 화두는 누구 때문이라는 핑계를 버리고 올곧이 자기 자신을 직시하라는 말씀이다.

나 역시 그랬다. 내가 가정 경제의 십자가를 홀로 지고 있는 양 달렸다. 그러니 당연히 쉽지 않은 상황에 대한 정신적 부담이 버거울 수밖에 없었다. 당연히 나를 제외한 모두가, 그리고 세상이 원망스러웠다. 무엇보다 100m 달리기처럼 달리면 끝이 있는 것처럼 여기며 달렸다. 하지만, 100m를 달려도 다시 내 눈앞에는 언제나 또 다른 100m가 있었다.

코로나로 인해 여유가 강제되니 비로소 내가 갇혔던 깊은 우물에서 빠져나와 너른 하늘을 마주할 수 있었다. 그러자 거기에는 인생의 반환점을 돈 초로의 여인이 있었다. 이제는 아이들을 키우기 위해, 가정 경제를 위해서라는 핑계로 더는 채워지지 않는 텅 빈 하늘과 같은 내 삶이 다가왔다.

'참 좋은 시간이었다'

코로나로 인해 지나온 시간에 대한 나의 소회이다. 돈도 못 벌면서 참 속편한 소리다 싶은가. 하지만 멈춤의 시간이 없었다면 여전히 나는 무언가를 핑계 대며 자신을 다그치며 살았을 것이다. 누군가를 원망하며 자신을 포장했을 것이다. 주변을 살피는 대신 내 자신을 우물 속에 가두었을 것이다.

나뿐만이 아니다. 우리 사회 전체가 LTE급의 속도로 살아왔다. 코로나 팬데믹은 그렇게 속도감있게 살아온 우리의 삶을 멈춰 세웠다. 그리고 『게으르게 보이는 세상』처럼 우리가 살아왔던 삶을 다른 각도에서 보도록 만들었다. 잠시 멈춰서서 본 세상은 어땠나요? 장 피아제는 인간은 환경과의 상호 작용을 통해 세상에 대한 자신의 틀을 새로이 만들어 간다고 한다. 팬데믹으로 인해 멈췄던 시간이 우리에게 가져다 준 것은 무엇이었을까.

그림책 속 이모는 저녁을 준비할 거고, 이웃집 아주머니는 시장을 갈 것이다. 그리고 우편배달부는 다시 우편물을 나를 것이다. 하지만 잠시 쉬며 하늘을 바라본 그들은 이전과는 다른 마음으로 자신들의 일을 대하지 않을까? 내 개인적으로는 잠시 멈춰 본 시간 이후 인생을 100m가 아닌, 하지만 아직은 끝나지 않은 장거리 경주로 바라볼 수 있게 되자 내 페이스를 스스로 조절할 수 있는 여유가 생겼다. 코로나로 인해 멈춰선 시간 덕택이다.

두 번째 시선

휴식은 낭비가 아니다

장소현

학기 중에 일이 몰리는 시기가 있다. 오전에 수업하고 바로 오후 수업을 위해 이동을 하다 보면. 식사도 마음 놓고 하지 못한다. 성격이 급하다 보니 해야 할 일 생기면 마음이 먼저 분주해져서 여유가 없이 허둥지둥한다.

나는 '서둘러라'라는 인생각본을 가지고 있는 것 같다. 그리고 내가 가진 '서둘러라' 각본 안에는 '게으른 것은 나쁜 거야'라는 메시지가 담겨있다.

'관계에 대한 탁월한 이론'인 교류분석의 창시자, 에릭 번은 우리의 인생을 인생각본에 비유한다. 연기자가 각본에 따라 무대 위에서 연기하는 것처럼 사람은 저마다 자신의 인생각본을 만들고 그것에 따라 인생을 살아가게 된다는 것이다. 이 각본에 가장 큰 영향을 주는 것은 어린 시절의 부모다. 부모가 주는 메시지에 의해 형성된 자아개념을 근거로 삶의 각본이 형성된다.

어릴 적 우리 가족은 할아버지, 할머니, 고모, 삼촌, 그리고 동생과 나까지 대가족이었다. 그래서 부모님께서는 대가족을 꾸려가기 위해 맞벌이를 하셔야 했다. 늘 성실하게, 열심히 사셨다. 그래서 나와 동생에게도 그렇게 열심히 살라고 하셨다. 맏이였기에 나는 그런 부모님의 영향을 가장 많이 받을 수밖에 없었다. 바쁘게 열심히 사는 부모님의 '인생 각본'이 곧 나의 인생 각본이 되었다.

성인이 된 이후에도 나는 늘 바쁘게 살아가는 것이 열심히 사는 것이라 여겼다. 어느 날은 친구와 만나 이야기를 나누던 중에 친구가 농담처럼 말했다. "네가 가장 많이 쓰는 단어가 뭔지 아니?"라며, 나와 이야기를 하다 보면 '분주하다', '정신없다'라는 말을 자주 쓴다고 했다.

'열심히 해라.'는 각본으로 늘 바쁘게 살아가는 나는 그래서인지 말도 빠르고 성격도 급하다. 그리고 '빠름 빠름'에 익숙해져서 빨리 진도가 나가지 않으면 답답하고, 일이 뜻대로 되지 않으면 조급해진다. 그래서일까, 나는 쉬는 날이나 여유가 생겨도 가만히 있기보다는 할 일을 찾는다. 휴식이 어쩐지 게으름으로 여겨지기 때문이다.

나뿐만이 아니라 우리나라 많은 사람이 나처럼 이러한 각본을 가지고 살지 않을까. 급격한 산업화를 이룬 우리 사회에서 사람들은 열심히 사는 것을 빠르게 사는 것으로 이해한다. 수능을 앞둔 학생이나, 취업을 준비하는 사람들에게도 좀 더 나은 목표를 향해서 더 열심히 애쓰라 다그친다. 하지만 우리에게는 일상의 숨통을 틔워줄 시간이 필요하다.

현대인의 삶을 성찰해보는 책을 쓴 작가 존 러벅은 말한다.

> 휴식은 게으름과는 다르다.
> 여름날 나무 그늘 밑 풀밭 위에
> 누워 속삭이는 물소리를 듣거나
> 하늘에 유유히 떠가는 구름을 바라보는 것은
> 결코, 시간 낭비가 아니다.

쉼표 하나, 행간 한 줄 없는 문장, 생각만 해도 숨이 막히지 않는가. 그러니 우리 인생 각본에도 여유가 필요하다. 그림책 『게으를 때 보이는 세상은』 역시 바쁘게 살아가고 있는 우리에게 잠깐 멈추고 휴식의 시간을 가지라는 이야기를 전한다.

그림책 속에는 바쁘게 사는 중에서도 잠시 쉼을 가진 사람들을 보여준다. 우리에게 쉼이란 무엇인지를 이야기한다.

> 우편물을 나르던 우체부가 잠깐
> 그물침대에 누워 하늘을 본다.
> 저녁준비를 하던 이모가 잠깐 평상에 누어본다.
> 시장에 가던 아주머니가 누워서 민들레 홀씨를 분다.
> 지붕을 고치던 목수아저씨가 누워 간식을 먹는다.

책 속의 사람들은 잠깐의 쉼을 통해 우리의 일상에 있는 아름다운 순간들이 발견한다. 반짝이는 햇살, 기분 좋은 바람, 밤하늘의 별들, 흩날리는 풀잎…. 서두르면 그냥 지나쳐버리는 아름다운 찰나의 순간들이다. 쉼 없이 질주하는 우리가 놓치는 것들이 무엇인가를 보여준다.

쉼이 주는 여유를 깨달은 나는 이제 집에 돌아오면 가급적 휴식을 취하려고 한다. 애써 또 집안일을 찾는 대신 무작정 낮잠도 자보고, TV를 보며 충전하는 시간을 갖는다. 또한 내가 시간을 내어 그림책을 보는 것도 말 그대로 『게으를 때 보이는 세상』을 찾기 위해서이다. 그림책이 나에게는 누워서 눈에 들어온 하늘이다.

그림책을 가만히 한장 한장 넘기면 잠시 현실을 떠나 그림책의 세계 속 여행을 떠난 듯하다. 들여다보고 있으면 마치 심호흡을 하듯 분주했던 마음이 차분해진다.

일에서든 관계에서든 열심히 살아가는 우리에게 쉼의 욕구가 기지개를 켜고 올라올 때 있다. 휴식이 필요하다는 싸인일 수 있고, 관계에서도 시간이 필요하다는 싸인일 수 있다. 쉼은 낭비가 아니라 자신을 지키는 건강한 시간이다. 자신을 돌아보는 여유를 갖는 것, 휴식을 취하면서 에너지를 재충전하는 것이야말로 열심히 사는 인생 각본의 절대적인 행간이자, 쉼표이다.

세 번째 시선
게으름 예찬

이혜선

『게으를 때 보이는 세상』, 이 책을 처음 만난 곳은 2019년 <그림책 NOW- 세계의 일러스트레이션을 만나다>에서 였다. 서울 숲 근처의 갤러리아 포레에서의 전시회에서 세계의 다양한 그림책을 직접 만져보고 읽을 수 있었다. 풍성한 그림책의 영상들, 정자나 큰 나무 등 편하게 책과 만날 수 있는 공간들에서 마냥 책을 읽을 수 있는 시간이 즐거웠다.

특히 풀벌레 소리가 들리는 『게으를 때 보이는 세상』이 소개된 공간은 강렬했던 안드레 레트리아의 『전쟁(A Guerra, War)』을 보고 난 아픈 마음마저 어루만져 주었다. 『게으를 때 보이는 세상』이 준 치유이다.

표지를 넘기면 한 소녀가 보인다. 소녀는 무엇을 보고 있을까? 소녀의 시선을 따라 게으름의 세상 속으로 초대된다. 그런데 『게으를 때 보이는 세상』이라 하니 오래 전 다녀왔던 인도로의 여행이 떠올랐다.

공항에 내리자 벌써 인도 특유의 짙은 향신료 내음이 물씬 풍겼다. 그 이국적인 향기만큼이나 낯설었던 풍경, 너무나 많은 사람들이 오고가는데, 많은 남자들이 거리에 할 일 없이 앉아 있거나 누워있었다. 바쁘다를 입에 달고 사는 한국에서 온 나는 인도의 일상이 이해가 되지 않았다. 그런데 불과 몇 십 년 전 우리나라 사진을 보면 그 인도의 모습과 그리 다르지 않아 보인다.

미국 대통령 루스벨트의 친구였던 조지 케난은 저서 『나태한 나라 한국』(1905년)에서 우리나라 사람을 나태하고 무기력하며 선천적으로 게으른 민족이라고 써놓았다. 격세지감이다. 아니 그런 게으름에 대한 정의 자체가 지극히 서구적인 타자의 시선에서 본 관점이 아닐지. 선진국이란 미국이 하찮게 보았던 조선은 유교 전통이 면면히 흐르는 나라였다. 인도 역시 여전히 그 거대한 땅덩어리만큼이나 무궁무진한 문화의 잠재력을 가진 나라이다. 정작 문명의 선진을 자랑하던 서구인들이 정신적 쉼을 얻기 위해 인도를 찾는다.

정작 게으름과는 대조적으로 '빨리 빨리'로 대변되는 우리나라 사람들의 기질은 세계적으로 유명하다. 덕분에 우리의 현대사는 세계 역사에 유래 없이 빠르게 발전하였다. 모든 것들이 속도전이라 할 수 있을 만큼 빨리 변화되었다. 하지만 그만큼 부작용도 많다. 인터넷은 빠른 속도를 얻었지만 문화적 수준은 성숙하지 않아 악플이나 불법 다운로드 등 인터넷 윤리 부재로 인해 많은 사람들이 고통 받고 있다.

> 게으름과 여유는 명백히 구분되어야 한다.
> 구분은 의외로 쉽다.
> 여유는 할 일을 하면서 충분히 쉬는 것이지만
> 게으름은 할 일도 안 하면서 제대로 쉬지 못하는 것이다.
>
> - 문요한 <굿바이 게으름> 중 -

어떤 면에서 보자면 게으름과 조급함은 그 뿌리가 같고, 마음의 여유와 부지런함은 그 뿌리가 같은 것 같다. 문요한 작가가 말하는 게으름보다는 휴식을 예찬하는 것 같은 이 그림책은 평상에 누워서 하늘을 바라보라는 듯 세로로 긴 판형이다. 노랑색 표지에 검정색 글씨가 강렬하다. 판화나 색종이로 작업한 것 같은 선명한 그림이 시선을 사로잡는다.

그림책은 소녀의 시선을 따라 나서는 게으른 여행이다. 신문 활자들 사이에서 존재감을 뽐내는 태양, 유유자적 나뭇가지 사이의 풍광, 새나 벌레들과 눈을 마주치기도 한다. 길게 꼬리를 빼며 날아가는 비행기, 공중에서 만개한 민들레 홀씨, 그리고 손전등에 비치는 나방들에 이르기까지 영화의 한 장면같다.

모자의 틈 사이로 쏟아지는 반짝이는 햇살, 나풀나풀 피어오르는 연기, 눈동자로 쏟아지는 별, 어스름의 나뭇잎과 깊은 밤 나무들의 몸짓 등은 게으를 때여야만 발견할 수 있는 빛나는 보석이다. 책장을 넘기는 내내 전시장 안 정자에 누워 여유를 누렸던 그 시간을 떠올리게 한다. 책을 보는 시간 그 자체로 쉼이자, 여유이다. 늘 분주하게 살아가는 내게 삶의 여유에 대해 생각해보라 요청하는 듯하다.

그런데 카메룬의 작가 아자릅 버나드 아테그와의 그림도 『게으를 때 보이는 세상』과 비슷한 결의 정서를 우리에게 전해준다. 그는 자신의 그림에 살았던 도시 카메룬 두알라의 삶을 담는다. 어릴 적 그의 아버지는 "그림은 게으른 사람들이나 하는 거"라며 화가가 되는 그를 말렸다. 하지만 그 게으른 사람들이나 하는 일로 그는 세계적인 작가가 되었다. 그리고 빠르게 발전한 서구 문명을 자랑하던 이들이 '게으른 아프리카의 일상'을 담은 그의 그림을 앞다투어 구입하려고 한다.

세상도 변하고 있다. 게으름, 우리는 이 단어를 부정으로 받아들이던 시대를 숨 가쁘게 달려왔다. 하지만 이제는 일(Work)과 삶(Life)의 균형(Balance)을 의미하는 워라밸의 시대가 대두되고 있다. 삶의 균형을 위해서 게으름은 필수적이다.

게으를 때만 보이는 것들이 있다. 분주한 세상에서 잊고 있던 게으름은 느림과 여유로움과 자유이다. 그것들을 통해 비로소 나 자신을 느긋하게 바라보게 된다. 일하는 기계가 아닌 살아 숨 쉬는 존재로 나 자신을 존중하는 시간이다. 이 책을 통해 부정적으로 각인되었던 게으름을 새롭게 발견하였다. 괜찮아, 게을러도 괜찮아.

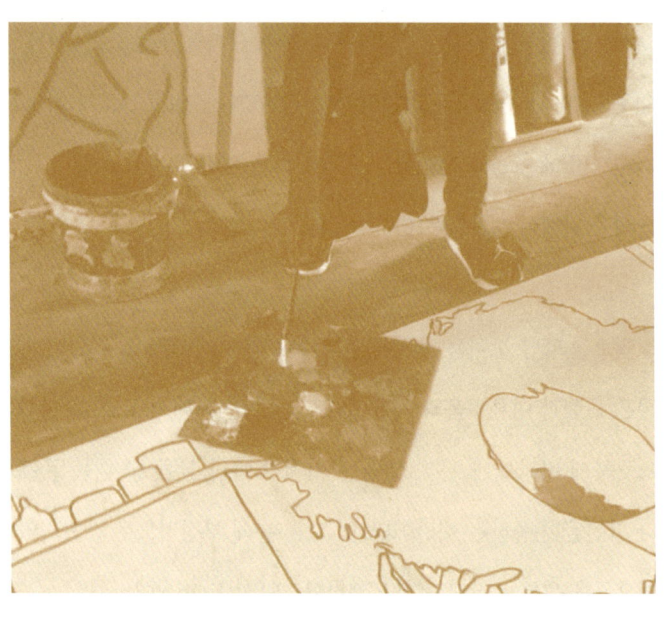

Ajarb Bernard Ategwa, *Jack Bell Gallery*

12

『100세 인생 그림책』 하이케 팔러 (지은이)
발레리오 비달리 (그림), 김서정 (옮긴이), 사계절

그림책을 바라보는 세 가지 시선

첫 번째 시선

살면서 무엇을 배웠나요?
배움으로 가득 찬 인생

이정희

'제가 선생님정도의 나이라면 굳이 매번 번거롭게 염색을 하지 않을 거 같아요. 굳이 흰 머리를 숨기기보다 드러내는 게 어울릴 나이가 아닐까요?'

나보다 나이가 몇 살 어린 지인의 말이다. 그런가 하면, '너는 젊은데 뭐가 문제니? 내가 몇 살만 더 젊었어도 여기 저기 마음대로 돌아다니겠다.' 구순을 바라보는 어머님이 말씀하셨다.

누군가에게는 흰 머리를 숨길 필요가 없는 나이, 또 누군가에게는 아직 한참 젊은 나이, 그게 내 나이다. 정의 내리기가 쉽지 않다.

그런데 돌아보면 인생은 늘 그랬다. 마흔 줄에 접어든 후배들, 그

친구들은 마흔이 되었다는 사실에, 혹은 마흔이 눈앞에 다가왔다는 사실에 한숨을 포옥 내쉰다. 나도 그랬다. 공자님 말씀 '불혹不惑'을 들먹이며 이제는 세상에 혹할 것도 없다며 인생 다 산 듯 그랬다. 그런데 이제 와 그 시절을 돌아보니, 웬걸, 어머님 말씀처럼 '한창 젊을 때'였다. 그런데도 경험해보지 못한 마흔이라는 나이에 지레 짓눌려 다 산 척 했었다. 어디 마흔뿐일까, 이제는 초등학교가 된 국민학교에 들어갔을 때도, 중학생이 되었을 때도, 대학생이 되었을 때도, 늘 그 시절의 인생이라는 무게는 녹녹치 않았다.

인생의 100장면

바로 그 우리가 살아가는 나이, 아니 인생에 대한 이야기를 담은 그림책이 바로 하이케 팔러와 발레리오 비달리의 『100 인생 그림책』이다. 100 인생 그림책인 만큼 시작은 탄생이다. 아빠, 엄마와 마주 웃음을 나누는 아기, 그렇게 아기는 세상으로 온다.

이 그림책은 한 사람의 이야기가 아니다. 작가 하이케 팔러는 갓 태어난 조카를 보며 아이디어가 떠올랐다고 한다. 갓 태어난 아기 앞에 펼쳐진 무궁무진한 삶의 여행, 하지만 동시에 겪어야 할 고통스러운 일들, 삶이 흐르는 동안 겪어내야 할 일들은 많다. 그래서 하이케 팔러는 여러 사람들을 만나 물어 보기로 했단다.

살면서 무엇을 배우셨나요?

그리고 초등학생에서부터 구십 대의 할머니와 나눈 삶을 통한 배움의 이야기가 한 권의 책이 되었다.

100세 이르는 길고 긴 여정, 놀이터에서 여자아이의 머리를 잡아당기던 개구쟁이는 어느 틈에 자라 그녀와 사랑에 빠진다. 하지만 사랑이 늘 행복한 것만은 아니다. 사랑을 한 만큼 그로 인한 이별은 청년을 송두리째 뒤흔든다. 하지만 이별에 아파하던 청년은 다시 사랑을 하게 된다. 그리고 자기 자신보다 더 사랑하는 아이의 아빠가 된다.

심리학자 에릭슨은 태어나서 죽을 때까지 전 생애에 걸쳐 발달을 한다고 한다. 인생의 각 단계마다 이루어야 할 발달 과제가 있다는 것이다. 파노라마처럼 펼쳐지는 100세 인생의 장면을 넘기다 보면 사랑하고, 이별하고, 다시 사랑하고, 그런 인생의 순간들이 바로 '과업'의 순간들임을 깨닫게 된다. C'est la vie!

엄마를 보며 손을 흔들던 소녀는 그림책이 끝날 무렵 할머니가 되었다. 엄마가 손을 흔들어주던 그 자리에서 손녀 뻘이 되는 유치원생들을 바라본다. 100세라고 하면 아득하다. 그런데 98세에도 처음 애벌레를 보았던 어린 시절이 어제 같다. '찰라(刹那 1/75초)'와 같은 인생'이다.

그 길지 않은 인생 여정의 끝에서 에릭슨은 '나는 내 평생에 한 일과 역할에 대해 만족하는가'라고 묻는다. 노년기의 숙제, 하지만 그건 노년기만으로 답할 수 있는 문제가 아니다. 인생을 살아오며 어떤 자세로 살아왔는가가 결국 노년에 이르러 삶을 만족할 수 있는가의 문제로 귀결되는 것일테니.

살면서 무엇을 배웠나요?

2살 먹은 아이가 공중제비를 넘으며 살아있다고 느끼는 순간, 다음 장에서 그림책은 언젠가는 죽는다는 것도 알게 될 거야라고 말한다.

영원히 함께 있고 싶은 사람과 더할 나위 없이 가까워지는가 싶었는데 바로 그 사람에게 작별 선물을 받게 된다. 어른이 되었는가 싶지만 여전히 철딱서니 없는 행동을 하고, 함께 하는 삶 속에서도 혼자만의 시간이 소중하다. 살아갈 의욕이 더는 없을 것 같은 그 시절에 뒤늦게 생전 처음 나랑 딱 맞는 사람을 만날 수도 있다. 그런데 바로 다음 페이지에 이젠 놓은 법을 배우라고 권한다.

 삶이 주는 양면성, 아이러니를 그림책은 인생 전반에 걸쳐 보여준다. 세상은 넓고 아름다운 곳이지만, 아우슈비츠라는 곳을 만들어 내는 것이 인간 세상이듯, 기쁨과 슬픔, 행복과 상실, 그 모든 것들이 우리가 살아가는 삶 그 자체라는 것을 그림책은 100이라는 나이에 빗대어 여러 사람들의 목소리로 들려준다. 아마도 많은 사람들이 이 책을 인생 그림책이라고 말하는 이유도 바로 이런 쉬이 정의 내릴 수 없는 인생의 모든 것을 담고 있기 때문이 아닐까.

 우리는 삶이 주는 괴로움을 힘들어 하지만 부처님은 즐거움도 괴로움의 다른 한 면이라고 말씀하신다. 그 두 감정은 무언가를 바라고 애쓰는 인간의 존재로부터 비롯된 것이기 때문이라는 것이다. 괴로움과 즐거움이 엇물리는 삶의 수레바퀴를 밀고 가는 인간사 자체가 바로 삶의 과제인 업보가 된다. 세속의 삶을 사는 우리가 그 번뇌의 수레바퀴를 해탈하는 경지에 이르는 건 쉽지 않다. 그저 에릭슨의 말처럼, 삶이 주는 다양한 모습, 기쁨도, 슬픔도 그대로 받아들이는 것, 그리고 삶이 다하는 순간까지 삶이 내게 주는 배움에 마음도, 몸도 열어놓는 것, 그게 우리가 할 수 있는 최선이 아닐까 싶다. 아마도 그러기에 작가 하이케 팔러는 모든 이들에게 '살면서 무엇을 배웠나요?'라고 질문을 던졌나 보다. 초등학생도, 이십대의 청년도, 구십대의 노인도 여전히 삶에 대해 열려있는 한 무언가를 배운다.

책이 너무 좋아 두 아이들에게 일독을 강권했더니 돌아오는 반응이 재밌다. 처음부터 읽는 것이 아니라, 우선 자신의 나이 무렵을 찾아본다. 그리고는 이건 공감된다, 저건 안된다는 식이다. 대부분 지나온 시간의 일들에 대해서는 공감이 된다 하면서도, 앞으로 살아갈 날들에 대해서는 글쎄요 라고 물음표를 붙인다. 사는 게 그런 걸 꺼다. 여전히 이 나이가 되어서도 아이들과 마찬가지다. 살아온 날들을 그린 부분은 고개를 끄덕이지만 앞으로 다가올 날들에 대해서는 과연 그럴까 싶다. 아마도 삶이 마무리되는 그 날까지도 그렇지 않을까. 여전히 열려있는 삶, 아는가 싶지만 여전히 배울 게 남아있는 삶, 그게 우리들의 인생 아닐까?

두 번째 시선

당신의 인생곡선은 어디쯤 와 있나요?

장소현

어릴 적 우리 집은 남다른 생일문화가 있었다. 생일날만 되면 미역국과 함께 팥죽이 올라왔다. 생일이 되면 집에 팥죽을 끓이는 냄새가 진동했다. 예로부터 붉은 팥에는 나쁜 기운을 쫓아주고 아이를 보호해준다는 믿음이 있었다. 그래서 아이들이 10살이 될 때까지 전통적으로 수수 팥단지를 해준다. 하지만 팥죽을 좋아하는 나와 동생을 위해 어머니는 팥죽을 주셨다. 팥죽에 들어가는 새알심을 나이만큼 넣어 주셨다. 팥죽은 나에게 생일 음식으로 기억된다.

중학생이 되면서부터는 팥죽의 새알심 대신 생일케이크의 초가 그 자리를 대신했다. 엄마는 아픈 곳 없이 건강하게 잘 커서 축하한다고 늘 말씀해주셨다. 지금도 가끔 생일날 친정에 가게 되면 엄마는 나의 생일을 기억하고 계시다가 미역국과 팥죽을 해주신다. 이제는 나이 드신 엄마가 만들어주신 미역국과 팥죽을 먹을 때면 나도 모르게 눈시울이 붉어진다.

서른 아홉,
누군가를 이토록 사랑한 적은 한 번도 없었을 거야

생일날 엄마가 자식을 위해 끓이는 미역국은 원래 출산한 엄마의 건강을 보하기 위해 마련된 음식이다. 성인이 되어서 내가 아기를 낳고 키워보니까 생일날 미역국은 아이의 음식이기보다는 출산의 노고를 기념하는 음식처럼 여겨진다. 생일은 아이가 태어난 날이지만 엄마의 출산기념일이기도 하다.

한 생명은 열 달 동안 엄마 뱃속에서 부모의 사랑과 정성스런 보살핌으로 자란다. 우리 엄마는 나를 낳느라 꼬박 이틀을 고생하셨다고 한다. 어머니가 나를 낳았던 고생담을 들으면 출산의 고통을 감내하며 나란 사람이 세상에 나올 수 있도록 애썼던 것이 고스란히 느껴져 감사함이 커졌다. 그렇게 힘들게 태어난 아이가 팥죽을 먹고 생일 케이크의 초를 늘려가면서 자라 어른이 됐다. 사랑하는 사람을 만나 결혼을 했고 가정을 꾸렸다. 그리고 다시 내가 엄마가 됐다.

어언 40대 후반, 결혼한 지 20년이 흘렸다. 올해 큰아이는 대학에 입학해 성인이 되었고, 작은 아이는 중학교 2학년 사춘기의 정점에 와 있다. 어머니가 아이를 낳고 그 아이가 다시 가정을 꾸린 것처럼 인생은 이어져 간다. 그리고 내 아이들도 나처럼, 어머니처럼 자신의 인생을 살아가고 언젠가는 자신들의 가정도 만들 것이다.

내가 학생들과 집단상담할 때 중요한 과정으로 다루는 것 중 하나가 인생 그래프 그리기이다. 가로 선을 그려 0세부터 100세까지 표시한다. 0세부터 100세까지의 가로 선과 0에 10까지의 세로 선을 기준 삼아 나의 행복지표를 그래프처럼 표시해본다. 내 인생의 어느 시점이 행복했고 어느 시점에서 힘들게 느껴졌는지 그려보는 작업이다.

서른,
행복이란 상대적이란 걸 배웠지?

이 인생 그래프를 그려보면 알게 된다. 나의 인생이 한 점, 한 순간이 아니라 100세까지도 이어져 갈 수 있는 길고 긴 여정이라는 사실을. 플러스일 때도 있지만 때로는 그래프가 마이너스일 때도 있다. 그래프를 그려보면 힘들었을 때 어떻게 견뎌냈는지, 무엇이 나를 행복하게 했는지 보인다. 자신의 삶을 거시적으로 통찰할 수 있는 시간이 되는 것이다.

마치 인생의 그래프처럼 우리의 인생을 100가지 삶의 과정으로 되돌아보는 그림책이 있다. 바로 『100 인생 그림책』이다. 0세에서 100세까지의 삶의 과정을 담아내고 있다.

한 장 한 장 넘길 때마다 새로운 인생의 장이 열린다. 그림책에서 보이는 각 장면이 다 나의 이야기 같다. 마치 타임머신을 탄 것처럼 5살로도 가보고, 결혼 전으로도 가보고, 첫 아이를 가졌을 때로도 가보고, 미리 인생의 마무리 시점인 90세 때로도 가본다. 40대 후반인 나는 그림책을 통해 미래의 삶을 그려보게 된다.

마흔 다섯,
지금 그대로의 네 모습을 좋아하니?

우리는 가족을 매개로 태어나 죽음으로 이르기 까지 다양한 삶을 경험한다. 부모가 주는 신뢰감을 등에 업고 첫걸음마를 뗴었고, 스스로 독립하는 첫 시작으로 유치원에 가고 학교에 가면서 아주 많은 걸 배운다. 그러고는 나이가 들어간다. 그리고 어느덧 우리를 키워준 부모님보다 더 잘할 수 있는 것들이 많아지는 나이가 된다.

쉰 하나,
이제는 부모님을 있는 그대로 받아들이는구나

어릴 때, 그리고 젊을 때는 내가 받는 것, 하고 싶은 것들이 삶의 중심에 있었다. 그러던 내가 결혼을 하고 아이를 낳고 키우면서 가족으로 삶의 중심이 바뀌었다. 40대 후반에 이르러 나는 가족과 함께 하는 삶의 또 새로운 단계에 이르렀다. 어느 새 품안의 아이들을 독립시키는 게 새로운 과제가 되었다. 그런가 하면 보호를 받던 내가, 나이든 엄마의 보호자가 되어가고 있다. 함께 아이를 키우던 동반자인 남편과는 갱년기라는 노년의 문턱을 함께 넘어가는 벗으로 거듭나는 중이다.

늘 인생에는 새로운 화두들이 등장한다. 그리고 나의 인생그래프는 그 화두들과 함께 요동치며 살아왔다. 정점을 찍었을 때도 있었고, 영점의 아래도 떨어진 적도 있었다. 하지만 돌아보니 그 영점의 아픔보다, 그 그래프의 곡선을 의연하게 밀고 온 내 자신이 기특하고 대견하다. 그리고 나의 인생 그래프는 여전히 진행형이다.

지금 당신은 인생의 어느 시점에 있나요?

당신이 인생의 어디쯤 와 있는지 당신이 있는 곳에서 인생곡선의 좌표를 한번 찍어 보세요.

세 번째 시선

100세 인생, 무엇이 성공인가?

이혜선

무엇이 성공인가
자주 그리고 많이 웃는 것
현명한 이에게 존경을 받고
아이들에게서 사랑을 받는 것
정직한 비평가의 찬사를 듣고
친구의 배반을 참아내는 것
아름다움을 식별할 줄 알며
다른 사람에게서 최선의 것을 발견하는 것
건강한 아이를 낳든
한 떼기의 정원을 가꾸든
사회 환경을 개선하든
자기가 태어나기 전보다
세상을 조금이라도 살기 좋은 곳으로
만들어 놓고 떠나는 것
자신이 한때 이곳에 살았음으로 해서

**단 한사람의 인생이라도 행복해지는 것
이것이 진정한 성공이다.**

- 랠프 왈도 에머슨 -

김범수 카카오 회장이 '10조 재산 절반 기부'를 결정했다는 소식과 함께 그의 마음을 움직인 랠프 왈도 에머슨의 시 '무엇이 성공인가'도 다시 읽혀지고 있다. "내가 태어나기 전보다 좀 더 살기 좋은 곳을 만들고 떠나는 것" "나로 인해 단 한 사람이라도 행복해지는 것이 진정한 성공"이라는 표현이 『100세 인생 그림책』을 읽으며 새롭게 다가온다.

추웠던 겨울 어느 날 서촌의 한옥을 개조한 작은 공간을 찾았다. 아기자기한 소품과 작품을 전시하는 운영자는 몇 년 전에 미국에서 열리는 연수프로그램에 동행했던 동생이다. 서로 낯을 많이 가리는 성격이라 친해지는데 오래 걸렸지만 경험과 취향이 비슷하다 보니 나이 차이를 떠난 편안한 사이가 되었다. 미국에서 돌아온 후 디자이너 아내와 결혼하더니 전공과 전혀 무관한 빈티지 가게의 오픈을 전했다.

나는 구제와 빈티지도 제대로 구분 못하지만 평범한 것들이 가진 특별한 지점을 발견하는 안목이 있던 그에게 새로운 사업은 잘 어울린다고 생각했다. 세월의 흐름이 느껴지는 물건들 사이에 『100 인생 그림책』이 있었다. 신기하고 반가웠다. 그는 우연히 읽었던 그 책이 좋아서 출판사에 직접 문의하여 판매 중이라고 했다. 오래될수록 가치가 높아지는 빈티지가게 속의 『100 인생 그림책』, 나이듦의 가치를 새삼 돌아보게 했다.

'나이'는 '낳다'는 동사에 접미사 '이'를 붙여 생겨난 말이다. 낳은 날로부터 얼마가 지났는가를 따지는 단위가 '나이'이다. 나는 어떻게 이만큼의 나이를 먹었을까? 태어나는 그 순간부터 한 살 한 살 나이를 먹으며, 나이가 들어간다. 『100세 인생 그림책』은 오랜 과거 0세부터 미래를 알 수 없는 100세까지의 인생을 표현했다. 소중했던 한 순간을 들여다보는 정사각형의 판형이 마치 성장 앨범 같다. 열 달 동안 태중에 있다가 이 땅에 아기로 태어났다. 소녀 혹은 소년으로 성장해서 어른이 되어 누군가를 만나고 사랑을 하고 가족을 이루고 어느새 나이 들어가는 삶의 변화를 공감하며 읽게 된다. 그림에는 성별도, 피부색도, 체형도 다른 다양한 사람들이 등장한다.

책장을 넘길 때마다 내가 지나왔던 나이를 떠올린다. 서툴고 낯설기만 했던 순간순간들이 떠오르며 고개가 끄덕여 진다. 어느새 나는 이 책의 주인공이 되어 설레이는 마음으로 다음 장을 펼쳐본다. 달콤한 초콜릿의 맛이 좋았던 어린 시절을 지나, 진한 커피의 맛을 즐길 줄 아는 나이를 넘어, 은근한 차가 좋아지는 시절이 되었다. 내 삶의 다음 장은 어떤 모습일까? 그러다가, 99세의 페이지에 마음이 머물렀다. 내가 그 나이까지 살아있다면 어떤 고백을 하게 될까?

나는 종종 내가 옛날의 그 어린 여자 아이라는 기분이 들어요. 살면서 뭔가를 도대체 배우기는 했는지, 그런 질문을 내 자신에게 던진답니다.

봄날 꿈같은 인생, 94세에도 여전히 인생에 대한 질문은 끝나지 않았다. 그러다 문득 76세에 그림을 시작해 미국의 국민 화가로 칭송되는 그랜마 모지스(Grandma Moses)의 작품이 떠올랐다. 평생 가정주부로 살아온 모지스 할머니는 101세로 세상을 떠날 때까지 추수감사절, 크리스마스, 어머니날 등 미국적인 풍광을 담은 1,600점의 그림을 남겼다. 78세에서 101세까지 1,000점이 넘는 그림을 그리려면 매일매일 얼마나 '열렬히' 그림을 그렸을까.

> 인생에서 너무 늦은 때란 없다.
> 내 일생은 충실히 보낸 하루와 같았다.
> 나는 행복했고 만족했다.
> 나는 어떤 것도 그보다 더 좋을 수는 없었고
> 주어진 삶을 최대한 잘 살았다.
> 삶이란 우리가 만들어가는 것이다.
> 항상 그래왔고 앞으로도 그럴 것이다.

그녀는 자서전에서 이렇게 자신의 삶을 회상했다. 나이는 결코 꿈에서 멀어지는 핑계가 될 수 없었다. 평범한 삶 속에서, 늦은 나이에도 기꺼이 자신이 하고픈 일을 위해 한 발을 내딛은 모지스 할머니의 삶은 그대로 『100 인생 그림책』이다. 소박한 모지스 할머니의 작품 중에 상대적으로 많이 알려지지 않은 '내년에 다시 만나요'를 소개한다. 선물을 다 주고 떠나는 순록의 썰매들. 다시 내년을 기약하는 크리스마스의 밤. 모리스 할머니에게 성탄 전야는 설레이는 기다림이다. 나이가 들수록 내년은 기약할 수 없는 묵직한 미래이다. 한 해의 마지막 날, 기약할 수 없는 시간 속에서도 내년이란 말은 설레임으로 다가온다. 그림은 우리의 삶이 여전히 계속되고 있음을 보여준다. 그림책 속 94세에 빈 나무딸기 잼 병을 지하실로 가져다 놓으면서 '이게 필요할지?'했던 할머니는 95세가 되던 해에도 다시 나무딸기 잼을 만들고 계신다.

이 글을 마무리하던 날은 4월 16일이었다. 해마다 봄이 시작되는 계절, 하지만 시간은 계속 2014년 4월 16일에 멈춰 있는 것 같다. 가슴 먹먹했던 하루를 보낸 저녁, 지인의 초대로 『100 인생 그림책』의 저자인 하이케 팔러의 라이브 북 토크에 참여하게 되었다. 독일에 거주하는 그녀의 햇빛 가득한 하얀색 배경의 방에는 책과 커다란 식물들이 가득했다. 소박하지만 반짝이는 눈빛의 작가는 인생을 이렇게 살아야 한다고 힘주어 말하는 대신 소소한 인생의 의미에 방점을 찍었다. 평범한 사람들 이야기를 결코 가볍지 않게 전하는 작가는 그대로 『100 인생 그림책』과 닮아 있다. 작가가 그림책 속 다양한 사람들에게 던진 질문, '살면서 무엇을 배우셨나요?', 그에 대한 나의 대답은 '그저 살아가는 거지요.'

소박하다는 것이 가장 중요하다는 것을
나는 깨우치기 시작했다.

- 로라 잉걸스 와일더 -

grandma moses, *See you next year,* 1860

에필로그-1

무모한 도전, 되겠어? 됐다!

'우리가 됐어요. 당선됐어요!'

이상하게도 마음이 어수선한 주말이었다. 아주 오랜만에 울린 소현 선생님의 벨소리, 또랑또랑한 선생님의 목소리가 하늘을 날 듯하다.

'우리 책이 뽑혔어요! 우수 콘텐츠 제작 지원을 받게 됐어요!'

서, 설마? 선생님이 캡쳐해서 보낸 페이지에 들어가 보았다. 한국출판문화 산업 진흥원에서 주최한 2022 우수 출판 제작 지원 사업 선정 결과 공고, 100권 중에 79번 째로 우리의 책 『전지적 그림책 시점』이 있었다. 보고도 믿기지 않았다. 5개 분야 총 2,244편 중에 우리 책이 뽑힌 거였다. 이혜선, 장소현, 이정희, 세 사람이 쓴 글이 이제 정말 세상에 '책'이 되어 나올 수 있게 되었다.

지난 2월, 많이 지친 선생님들에게 이 제작 지원 사업 응모를 제안했다. 우리도 책을 만들어 보자 야심차게 의기투합한 지 어언 3년여가 지났다. 글을 쓰고, 퇴고를 하는 것만으로도 1년여를 보내고 막상 '작품'이 완성됐지만 막막했다. 다들 저 마다의 분야에서 오랫동안 활약을 해왔던 사람들이다. 하지만 가르치고 글을 쓸 줄만 알았지, 글로 책을 만드는 일에는 문외한이었다.

돈만 있으면 책이 된다는 세상, 하지만 우리는 그 돈이 없었다. 그리고 1년 여의 지난한 노력을 거쳐 만든 우리의 결과물을 그렇다고 허투루 취급하고 싶지도 않았다. 맨 땅에 헤딩하듯 우선 각자 주변에 아는 출판 관계자분들께 문의를 해보기로 했다.

그림책 독자 시장이 커져가는 중이었다. 더는 그림책이 아이들만을 위한 책으로 여겨지지 않았다. 다양한 상징과 해석의 여지를 품은 그림과 글이 어우러진 그림책, 그만큼 하나의 그림책을에 접근하는 방향은 풍성했다. 그래서 그림책을 보는 서로 다른 시선을 글로 푼 우리의 책이 우리는 매우 신선하다고 여겼다. 하지만 신선한 기획이 출판으로 이어지는 건 쉽지 않았다.

'정희 선생님은 막 몰아치시잖아요.'

선생님들은 웃으며 말했지만, 그 말처럼 책을 쓰는 시간 동안 조금 더 나이가 많다는 이유로, 글을 써서 돈 몇 푼이라도 벌었다는 이유로 매 주 선생님들에게 글을 써오라 독려하고, 다시 고치라 다그치며 여기까지 왔다. 그 몰아붙인 당사자인 나로써는 무겁게 우리가 쓴 글들에 대한 책임감이 얹혀졌다.

'되겠어?'

선생님들도 뒤늦게 고백하셨다. 한국 출판문화산업 진흥원에 제작 지원 사업이 있으니 응모하자 했을 때 든 생각이란다. 나 역시도 크게 다르지 않았다. 그래도 세 사람이 오랜 시간 애써서 달려왔으니 할 수 있는 건 다해보자는 심정이었다.

때마침 선견지명으로 혜선 선생님이 '유럽의 봄' 출판 등록을 해 놓으셨다니. 출판사 대표님이 나서서 각종 서류가 필요한 그 '번거로운' 작업을 진행해 주셨다.

거의 마감 당일에 겨우 맞춰서 응모를 한 우리, 하지만 쟁쟁한 출판물들이 응모한 그 과정에서 우리가 설마 될까 싶었다. 그래서일까,

한 두 달이 지나 선생님들이 어떻게 되었느냐 물어봤을 때도 5월쯤 결과가 나올 거라고 말은 했지만 5월이 돼서도 찾아볼 엄두가 나지 않았다.

소현 선생님도 마찬가지였다고 한다. 주변의 지인이 출판 지원을 받게 되었다고 페북에 자랑을 하는 걸 보고 나서야, 아~ 우리도 응모를 했었지, 하고 찾아보았다니. '설마 우리가 되겠어? 하다가, 그래도 혹시 몰라? 했었다고 했다가, 우리가 될 지도 모르잖아 하기도 했었다'며, 호기로운 후일담에 서로의 수고에 감사하는 덕담을 얹었다.

에필로그-2

우리는 왜 글을 쓰게 되었을까?

　한국 출판문화산업 진흥원에서 공모한 우수 출판 제작 지원 사업에 우리 책이 선정되고 보니 새삼 지나온 시간을 돌아보게 된다. 그런데 참 신기하다. 이정희, 이혜선, 장소현 우리 세 사람은 어쩌다 함께 책을 쓰게 되었을까?

　우리가 서로를 알게 된 건 어느 문화 센터의 그림책 심리 지도자 수업 과정에서였다. 그런데 정작 수업을 들으며 우리는 그리 가까운 사이가 아니었다. 2019년에서 2020년에 걸쳐 진행된 그림책 심리 지도자 수업 초급, 중급, 지도자 과정, 그리고 집단 상담까지 함께 한 사이지만 정작 배운 기수도 다르고, 연배도 달라 수업을 하는 동안은 서로 인사나 나누는 사이였다.

'우리가 어떻게 함께 글을 쓰게 된 걸까요?'

책이 선정되고 두 분 선생님께 새삼 여쭤보았다.

나 개인적으로는 2019년 말부터 나를 찾아온 번아웃과 우울증을 겪어 내느라 경황이 없었다. 그때 옆자리에 앉았던 선생님 말씀으로는 당시 내가 총기 없는 눈에 생기 없는 표정을 하고 구부정하니 제일 뒷자리에 앉아 수업을 듣곤 했다고 한다. 수업 시간에 함께 읽은 『엄마의 초상화』나 『삐약이 엄마』에 지나온 나의 시간을 떠올리며 눈물을 줄줄 흘리던 그런 시절이었다.

그림책을 매개로 한 심리수업은 그저 이론을 배우는 걸 넘어, 지나온 나의 시간을 돌아보며 정리하는 시간이 되었고, 그렇게 만난 그림책들을 오마이뉴스 책동네을 통해 기록하기 시작했다. 2020년 9월부터 게재된 <마음으로 떠나는 그림책 여행>이 그것이다. 오마이스타를 통해 미디어 평론가로 글을 써온 지 어언 10 여 년, 하지만 막상 그림책 리뷰를 쓰는 건 새로운 도전이었다. 더구나 그냥 리뷰가 아니라 내가 배우고 있는 심리의 관점에서 그림책을 조명하는 건 머리에 쥐가 나는 난제였다.

나 역시도 마음이 편치 않은 상태였지만, 당시 수업을 듣던 이혜선 선생님도 녹록한 상황이 아니었다고 한다. 업사이클링 그림책 수업을 하시던 선생님의 수업은 코로나로 인해 전면 중단된 상태였다고 한다. 그래서 쉬어 가는 김에 좀 더 충전을 하시고자 하는 마음에서 집 근처 문화 센터를 찾게 되셨다고 한다. 부모 교육과 성교육을 하시던 장소현 선생님 역시 마찬가지셨다고 한다. 오랫동안 작은 도서관에서 인문학 수업을 해오던 나 역시 올스톱 상태였다. 코로나는 우리의 밥줄을 묶어 버렸지만 그 멈춤은 우리의 만남을 가능케 했다. 세 사람 모두 이미 각자의 전문적인 영역에서 오랫동안 활동을 해오던 사람들이었다. 하지만 코로나로 인해 본의 아니게 멈춤이 된 상황에서, 나이 따위, 조금 더 배우고 자신을 채찍질하고 싶은 열정이 인연의 기틀을 마련한 것이다.

하나의 그림책, 서로 다른 시선

혜선 선생님은 얼마 전 오래 투병하신 아버님을 여의신 상태로 그 여파가 남아있던 때였다고 한다. 오전 수업을 마치고 집단 상담을 하기 전 식사 시간, 홀로 조용히 자기 시간을 가지던 혜선 선생님께 '식사 하셨어요?'라고 챙기던 한 마디가 인상 깊었다고 당시를 기억하셨다. 1년 여 그렇게 오가며 가랑비에 옷 적시듯 서로에게 친숙해져 갔던 우리가 자리를 만들었다. 우리를 따스하게 기억해 주시던 혜선 선생님이 먼저 제안을 하셨다. '우리 함께 글을 써볼까요?'

언제나 적극적인 소현 선생님은 당연히 OK, 이미 그림책 리뷰를 쓰고 있던 나 역시 마다할 이유가 없었다. 그렇게 시작되었다. 언젠가는 책이 될 거라고는 부푼 꿈을 안고 시작했지만 당장은 함께 그림책을 읽고 나눠보자는 소박한 생각이 먼저였다.

우리가 그림책을 읽고 함께 글을 써보자고 하던 즈음에 벌써 그림책 관련 서적이 꽤 많이 나오기 시작할 무렵이었다. 우리를 가르치던 선생님들이 펴낸 그림책 관련 서들도 몇 권이나 됐다. 그렇다면 우리는 기존의 그림책 관련 글들과 어떻게 다른 글을 써야 할까? 고민이 됐다.

저마다 다른 삶의 경험을 가지고 이 자리에 오게 된 우리 세 사람, 그런 우리 세 사람의 '관록'을 그림책을 빌어 풀어내면 어떨까? 무엇보다 글과 그림이 어우러진 은유의 매체, 그림책은 풀어내는 이의

'관점'에 따라 다양한 해석이 가능하기 때문이었다.

우리가 함께 글로 풀어낸『공원을 헤엄치는 붉은 물고기』를 보자, 이 그림책은 알리시아 바렐라가 그림 12장의 그림에 곤살로 모우레가 선사하는 7편의 이야기가 들어있다. 우선 그림책을 열면 글자없이 붉은 물고기가 유영하는 공원이 나타난다. 이 공원 속에서 만나게 되는 많은 사람들, 그들 중 누구를 '주인공'을 삼는가에 따라 그림책의 서사가 달라진다.

나는 이런 그림을 읽어내는 새로운 시도에서 게슈탈트 심리학을 떠올렸다. 그림책을 펼쳤을 때 우선 나의 시선을 사로잡는 이야기에서 지금 내 삶의 '전경'이 되는 주제를 찾아내는 것이다.『공원을 헤엄치는 붉은 물고기』에서 나의 전경으로 들어온 인물은 '지쳐보이던 여성'이었다.

반면, 상담을 통해 다양한 학생들과 접한 경험이 풍성한 장소현 선생님은 다양한 개인들이 어우러져 사는 코리빙 하우스처럼, 다민족 국가로써의 스페인의 공원에 대해 이야기를 풀어냈다. 에콰도르의 소년 오마르, 스페인 청년 라세 등의 이야기는 다문화 학생들을 위한 우리 학교 현장의 노력으로 이어진다.

이혜선 선생님은 공원에 주목한다. 오래전 힘들고 벅찬 공부를 하다 물을 내뿜는 분수를 통해 너만의 공연을 하라는 메시지를 느꼈던 선생님의 경험은 붉은 물고기가 헤엄치는 생명력 넘치는 공원이란 공간에 주목한다. 혜선 선생님의 공원에 대한 사유는 하나의 색을 온전하게 드러내기 위한 수많은 점을 찍은 쇠라의 열정으로, 그리고 '지나온 시간동안 찍은 수많은 점들이 만든 미래'라는 스티브 잡스의 연설로 마무리된다. 하나의 그림책, 서로 다른 세 가지 시선이다.

에필로그-3

그리고 더하기, 왜 유럽의 봄일까?

1999년 4월 5일

식목일의 이른 새벽 기약 없이 나, 이혜선은 집을 떠났다. 1997년부터 시작된 IMF 외환위기 속에서도 그 물가 비싸다는 스위스로 떠났다. 다 무모한 도전이라고 말렸다. 그래도 난 시작하고 싶었다.

가족이, 사회가 요구하는 그 모든 것을 내려놓고 온전히 내가 해보고 싶은 공부를 향한 첫 발걸음이었다.

그로부터 이십 여 년이 흐른 지금 다시 무모한 첫 발을 내딛는다.

유럽의 봄을 향해 날아가던 그 마음으로, 내가 좋아하는 책을 만드는 첫 걸음을 내딛어 본다.

왜 유럽의 봄이냐고? 이 정도면 답이 될까?